Gartenprojekte für Heimwerker

Albert Jackson/David Day

Gartenprojekte für Heimwerker

Nützliche Ideen schnell und professionell umgesetzt

Bechtermünz Verlag

Erstveröffentlichung 1998 in Großbritannien durch HarperCollins Publishers Ltd.
Originaltitel: Collins Outdoor DIY Projects in a Weekend

Entwickelt, herausgegeben und designed von Inklink, Greenwich, London, England

Text:
Albert Jackson und David Day

Design- und Art-Direktor:
Simon Jennings

Illustrationen:
Robin Harris und David Day

Fotografie:
Ben Jennings

Zusätzliche Fotografie:
Siehe Bildnachweis mit Copyright-Angaben auf Seite 128

Deutsche Erstausgabe

Produktion der deutschen Ausgabe: Druck & Sache, München
Übertragung ins Deutsche: Jürgen Heinzerling, Hamminkeln
Umschlaggestaltung: Georg Lehmacher, Friedberg (Bay.)
Umschlagmotive: Corel Photodisk (unten links), Mauritius-Reinhard (unten rechts), Mauritius-Enzinger (oben rechts), alle anderen Abbildungen aus dem Buch
Gesamtherstellung: Rotolito Lombarda, Pioltello (MI)
Printed in Italy
ISBN 3-8289-2317-8

LÉGUMES

Einleitung

Regen, Sonne und Wind machen immer wieder unsere Bemühungen zunichte, dem Garten ein perfektes Aussehen zu verleihen. Deshalb stellt uns jedes Frühjahr vor neue Herausforderungen. Zudem müssen wir auch noch die Zeit finden all das zu verwirklichen, was wir uns im Winter vorgenommen haben – falls das Wetter mitspielt.

Freizeit ist kostbar, also haben wir für Sie wichtige Wochenend-Projekte ausgewählt und sagen Ihnen auch gleich, wieviel Zeit Sie dafür einplanen müssen. Für einige Arbeiten benötigen Sie nur eine oder zwei Stunden, für andere Projekte einen Tag oder auch ein ganzes Wochenende. Eventuell müssen Sie die Arbeit auf mehrere Wochenenden verteilen, weil zum Beispiel erst einmal die Farbe trocknen muß bevor man mit dem nächsten Arbeitsabschnitt beginnen kann. Hinzu kommt, daß nicht jeder im selben Tempo arbeitet. Wenn Sie schon Erfahrung haben, werden Sie sicher weniger Zeit benötigen als wir eingeplant haben. Haben Sie keine Erfahrung, kann es auch schon einmal etwas länger dauern. Vergessen Sie nicht alle Dinge einzukaufen, die sie möglicherweise brauchen könnten und sehen Sie sich die Liste aller benötigten Werkzeuge an. So können Sie sicher sein, daß auch alles parat liegt, wenn Sie mit Ihrer Arbeit beginnen.

Zeit: einige Stunden

1 Projekte „für einige Stunden“

Inhalt

Zeit: ein Vormittag

2 Projekte „für einen Vormittag“

Zeit: ein Tag

3 Projekte „für einen Tag“

Zeit: ein Wochenende

4 Projekte „für ein Wochenende“

1

Projekte „für einige Stunden“

Tips für die Gartengestaltung

Einen Garten zu designen ist keine exakte Wissenschaft. Pflanzen und Sträucher können nicht richtig wachsen, wenn sie nicht zu den Boden- und Lichtverhältnissen in Ihrem Garten passen. Einige Bäume erreichen auch nie die Größe, die in den Gartenkatalogen angegeben wird. Um kostspielige Fehler zu vermeiden ist es sinnvoll einen Plan zu machen, bevor Sie mit der Anlage Ihres Gartens beginnen.

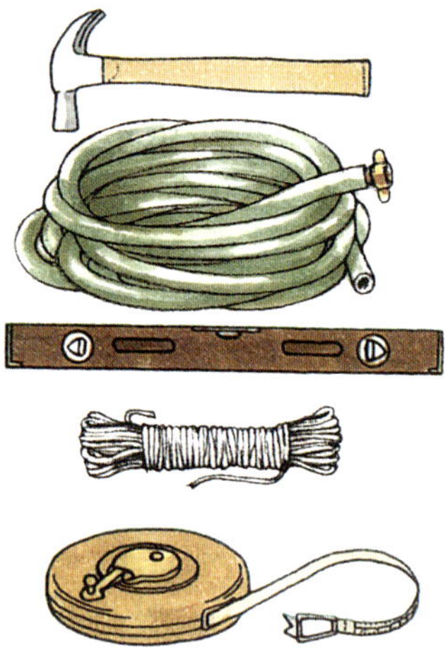

Erforderliches Werkzeug

- Hammer
- Gartenschlauch
- Lineal
- eine lange Schnur
- kurze Holzpflöcke
- Wasserwaage
- Maßband

Siehe auch:
Eine Kaskade anlegen S. 108
Eine Steintreppe anlegen S. 94
Einen Steingarten anlegen S. 100
Einen gepflasterten Parkplatz anlegen S. 96
Trittsteine auf dem Rasen verlegen S. 30
Einen Kiesweg anlegen S. 74
Einen Gartenteich anlegen S. 102
Bau einer Sichtschutzwand aus Ornamentgittersteinen S. 82
Stützmauern bauen S. 90

Keine falsche Hektik
Man braucht schon etwas Zeit, einen kompletten Garten zu planen. Wenn Sie in ein neues Haus ziehen, ist es sinnvoll den Garten zwölf Monate lang zu beobachten und sich Notizen zu machen, wie sich die Verhältnisse in den verschiedenen Jahreszeiten ändern. So haben Sie ausreichend Zeit, verschiedene Möglichkeiten der Gartengestaltung in Erwägung zu ziehen und Ihre Ideen auf Papier festzuhalten – und können dabei viel Zeit und Geld sparen.

Die Entscheidung für einen Stil

Bevor Sie beginnen, konkret Ihren Garten zu planen, müssen Sie sich entscheiden, welcher Stil am besten zu Ihren Bedürfnissen, Ihrem Haus und der Umgebung paßt. Vielleicht mögen Sie strenge Formen, gerade Linien und geometrische Muster – ein Stil, der gut zu modernen Häusern paßt. Oder bevorzugen Sie eher einen kunterbunten Bauerngarten? Vielleicht sind Sie auch von der Idee fasziniert, einen japanischen Garten anzulegen, wo die Standorte für Pflanzen, Steine und kleine Teiche sorgfältig ausgewählt werden. So entsteht eine von Menschen geschaffene Landschaft, die perfekt mit der Natur harmoniert. Egal wofür Sie sich entscheiden, bedenken Sie immer, daß es Jahre dauern kann, bis Ihr Traumgarten so aussieht, wie Sie es sich vorgestellt haben.

Ein Garten für jeden Geschmack
Für einen schön gestalteten Garten braucht man nicht viel Platz. Hier sehen Sie eine unregelmäßig angelegte Rasenfläche, umrahmt von Blumenrabatten, Sträuchern und einem kleinen, aber perfekt in das Gesamtbild passenden Fischteich.

Lassen Sie sich inspirieren

Es gibt viele Möglichkeiten, sich aus Büchern und Zeitschriften Tips und Anregungen für die Gartenplanung zu holen. So wie man nie denselben Garten zweimal sehen wird, werden Sie auch keinen fertigen Plan finden, der exakt zu Ihrem Garten paßt. Aber Sie können einige Anregungen in Ihre eigenen Pläne übernehmen.

Sich andere Gärten anzusehen ist vermutlich der beste Weg auf eigene Ideen zu kommen. Obwohl die Anlagen in großen Parks ganz andere Größenverhältnisse aufweisen als Ihr Garten, bekommen Sie hier wertvolle Anregungen wie Blumenbeete, Sträucher und Teiche zum Beispiel in einem Stein- oder Wassergarten wirken können.

Vergessen Sie nicht, daß andere in Ihrem Bekanntenkreis vielleicht die gleichen Probleme mit der Gartengestaltung hatten wie Sie – sprechen Sie mit ihnen, Sie können viel aus ihren Fehlern lernen!

VERMESSUNG

Wenn Sie Ihren Garten möglichst sinnvoll nutzen wollen, empfiehlt es sich, alles genau auszumessen und die Voraussetzungen gewissenhaft zu kontrollieren.

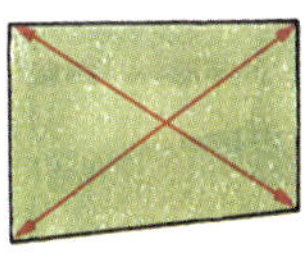

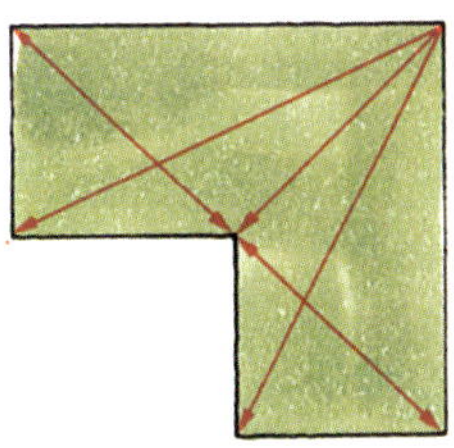

Abmaße bestimmen
Messen Sie zunächst Länge und Breite der Flächen und fertigen Sie einen einfachen, bemaßten Grundriß an. Es ist sinnvoll, auch die Diagonalen zu vermessen, da es häufig vorkommt, daß der Garten nicht winklig ist. Dies gilt ganz besonders bei unregelmäßig geformten Gärten.

Was beibehalten wird
Zeichnen Sie in ihren Grundriß auch die Details ein, die Sie gerne beibehalten wollen, wie z.B. bestehende Gartenwege, Rasenflächen und Bäume.

TIP
Bodenbeschaffenheit
Die genaue Beschaffenheit des Bodens bestimmt die grundsätzliche Auswahl von Pflanzen. Andererseits ist es leicht möglich, die Bedingungen durch Zugabe von Torf oder Kunstdünger zu verändern. Lehmboden nimmt bei Regen viel Wasser auf, wird beim Trocknen aber brüchig. Ein Sandboden fühlt sich körnig an und bietet Pflanzen im trockenen Zustand keinen Halt. Torferde ist dunkelbraun und flockig. Heller, kalkhaltiger Boden eignet sich nicht zur Kultivierung von Pflanzen, die ein saures Milieu benötigen. Erde, die zu viele kleine Steine oder Kies enthält, ist als Mutterboden ungeeignet.

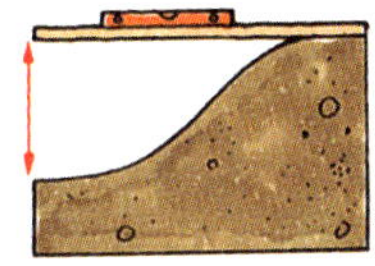

Hanglagen und Hügel
Stellen Sie fest, ob der Garten ein Gefälle aufweist. Sie müssen die Neigung nicht genau ausmessen. Wichtig ist nur, daß Sie die Richtung und Lage des Gefälles kennen. Mit Hilfe einer geraden Planke und einer Wasserwaage können Sie schnell die Höhe eines Hügels ausmessen. Legen Sie dazu ein Ende der Planke genau waagerecht auf den Hügel und messen Sie am anderen Ende den Abstand zum Boden.

Wie man ein Gefälle ausnutzt
Einige der schönsten Gärten entstehen durch Ausnutzung einer natürlichen Hanglage. Das Foto zeigt, wie man durch Stützmauern einen stufigen Terrassengarten mit verschiedenfarbigen Sträuchern realisiert.

Wie steht es um das Wetter?
Stellen Sie den Sonnenlauf und die Windrichtung fest. Denken Sie daran, daß die Sonne im Sommer höher am Himmel steht, und daß Laubbäume im Spätherbst und Winter als Windschutz weniger wirksam sind als im Sommer.

Wenn Sie alle notwendigen Messungen durchgeführt haben, sollten Sie vielleicht eine einfache Zeichnung anfertigen, um Ihre Vorstellungen auszuprobieren. Tragen Sie die gewünschten Grundformen an den entsprechenden Stellen ein und achten Sie darauf, daß ihr Plan genug Raum zwischen den einzelnen Anlagen bietet.

Wie man einen Plan zeichnet

Achten Sie beim Zeichnen darauf, daß der Plan maßstabsgetreu ist. Grobe Fehler sollte er nicht enthalten, andererseits muß er aber auch nicht so professionell aussehen, wie man es bei einem Architekten verlangt. Zeichnen Sie den Grundriß mit allen Abmaßen auf Millimeterpapier ein. Zum Ausprobieren können Sie die Umrisse dieser Zeichnung dann auf Transparentpapier übertragen und müssen sie nicht jedesmal in allen Details neu anfertigen.

TIP

Eine Frage der Sicherheit

Machen Sie aus Ihrem Garten keinen Hindernisparkour. Ein schmaler Weg am Rand eines Teiches kann für ältere oder kranke Familienmitglieder zum Verhängnis werden. Kleine Mauern oder flache Pflanzkästen sollten so plaziert werden, daß sie nicht zur Stolperfalle werden.

Entwurf vor Ort

Die Anfertigung einer Zeichnung stellt nur die erste Stufe der Planung dar. Gärten werden schließlich nur selten von oben betrachtet und deshalb ist es sinnvoll, die Umrisse der geplanten Anlagen mit Pfählen und Paketkordel abzustecken. So kann man die Planung vor Ort aus allen Winkeln auf Denk- und Meßfehler überprüfen. Oft verwandelt sich dabei ein auf dem Papier gigantisch erscheinender Teich in einen kläglichen Tümpel. In dieser Phase kann man auch feststellen, ob der Blick von der Terrasse möglicherweise durch Bäume oder Büsche versperrt wird.

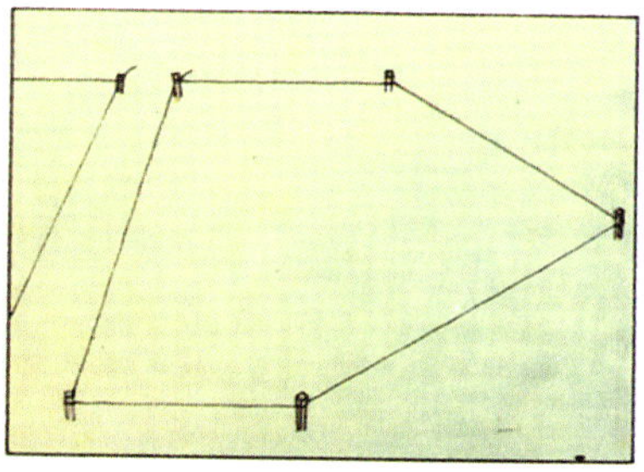

1 *Übertragen Sie die Umrisse, in dem Sie an den Eckpunkten kleine Pflöcke in den Boden schlagen und mit Kordel verbinden.*

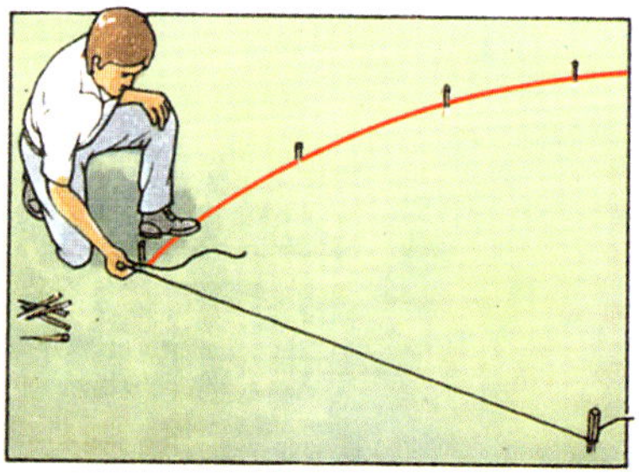

2 *Kreisbögen lassen sich realisieren, indem man einen Pflock ins gedachte Kreiszentrum einschlägt und mit einer daran festgebundenen Kordel den Umriß der Kurve festlegt. Der Kurvenverlauf läßt sich dann durch Pflöcke oder aneinandergereihte Steine annähern.*

3 *Benutzen Sie einen Gartenschlauch, um unregelmässige Kurven und Teichränder zu kennzeichnen. Man kann anschließend auch die oberste Bodenschicht wegkratzen, um einen besseren Eindruck von der Flächenwirkung zu erhalten.*

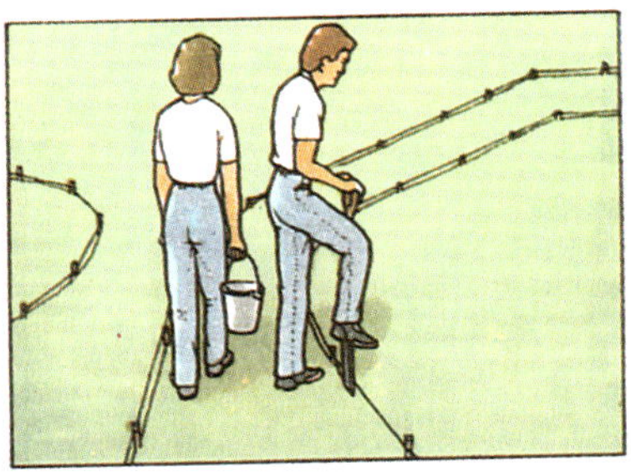

4 *Wenn Sie Ihren Entwurf übertragen haben, sollten Sie ausprobieren, ob die Planung auch wirklich sinnvoll ist. Ein Beispiel: Können zwei Personen nebeneinander auf dem Weg entlanglaufen, ohne in die Blumenbeete treten zu müssen?*

TIP

Die beste Stelle für einen Teich

Ein Teich sollte abseits überhängender Bäume und an einer Stelle angelegt werden, die mindestens die Hälfte des Tages direktes Sonnenlicht erhält. Stellen Sie sicher, daß man problemlos mit dem Wasserschlauch herankommt und einen Stromanschluß für Pumpe oder Beleuchtung legen kann.

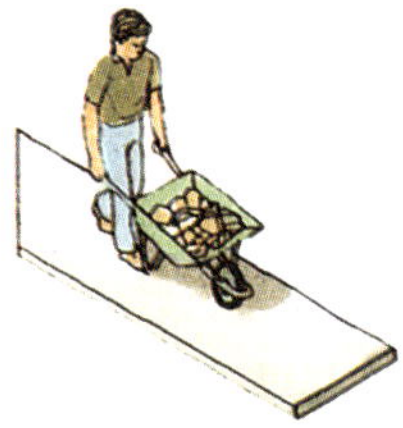

5 *Kann man auf dem Weg eine Schubkarre abstellen, ohne daß diese umzukippen droht?*

6 *Bei der Anlage einer Terrasse sollten Sie ausprobieren, ob Sie genug Platz für die Gartenmöbel haben. Denken Sie daran, daß man bei einer Gartenparty mit einigen Gästen bequem am Tisch sitzen können sollte.*

7 *Für eine Zufahrt sollten Sie eine Breite von mindestens drei Metern veranschlagen. Achten Sie darauf, daß die Autotüren beim Öffnen nicht irgendwo anschlagen können und ein bequemes Ein- und Aussteigen möglich ist. Berücksichtigen Sie auch den Wendekreis Ihres Wagens und achten Sie darauf, daß man beim Herausfahren ausreichend Einsicht in die Straße hat.*

8 *Überlegen Sie, ob die Zufahrt auch für Autos geeignet sein muß, die größer sind als das Ihre.*

ZEIT: EINIGE STUNDEN

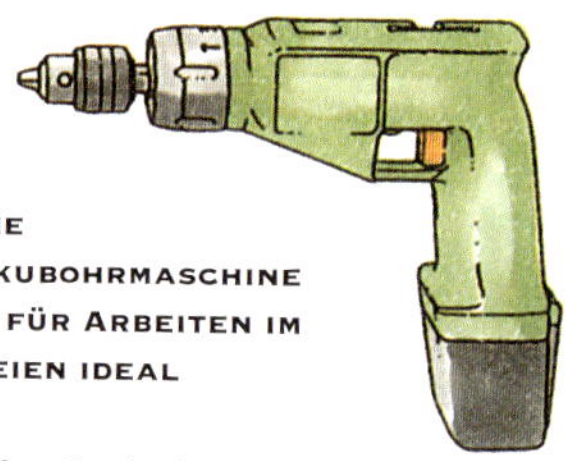

EINE AKKUBOHRMASCHINE IST FÜR ARBEITEN IM FREIEN IDEAL

Erforderliches Werkzeug

- elektrische Bohrmaschine mit Zubehör
- Spaten
- Schraubenschlüssel (verstellbar)
- Wasserwaage
- Maurerkelle

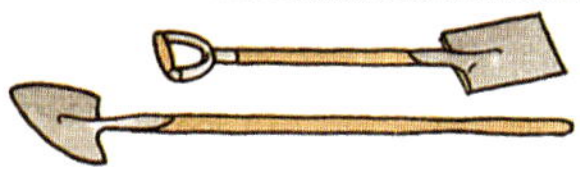

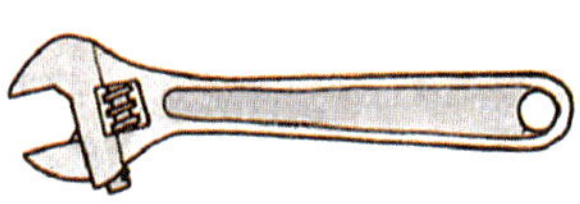

Siehe auch:
Holzzäune reparieren, Seite 34

REPARATUR EINES VERROTTETEN ZAUNPFOSTENS

Bei Zaunpfosten aus Holz fault oft nur der im Boden steckende Teil, während der obere Bereich noch gut erhalten ist. Ein heftiger Windstoß reicht in diesem Fall aus, um den Pfosten abzuknicken, wodurch großer Schaden entstehen kann. In vielen Fällen wird man nicht umhinkommen, den verrottenden Zaunpfosten komplett zu ersetzen. Manchmal kann man den verfaulten Teil aber auch durch eine Stütze aus Beton ersetzen. In gut sortierten Baumärkten werden solche Stützen als Fertigprodukte angeboten, die bereits mit Löchern versehen sind. Zur Verschraubung mit dem Zaunpfosten werden Holzschrauben mit viereckigem Kopf verwendet.

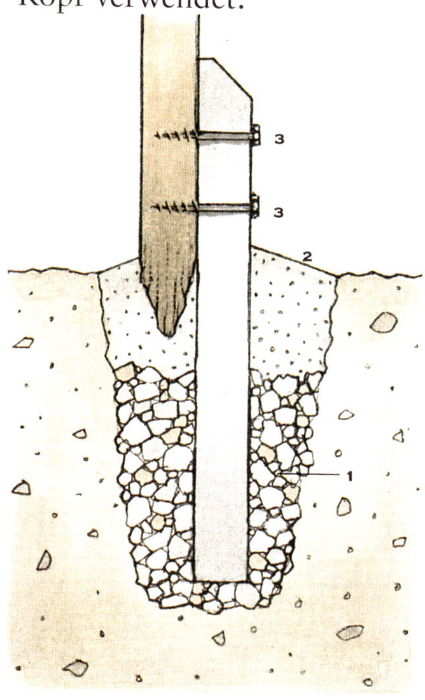

REPARATUR DES ZAUNPFOSTEN MIT EINER BETONSTÜTZE
1 SCHOTTER
2 BETON
3 SCHRAUBEN

Einsetzen der Betonstütze

Stechen Sie mit dem Spaten die Stelle um den Zaunpfosten aus und sägen Sie den verrotteten Teil ab. Setzen Sie die Betonstütze in das Loch und füllen Sie Schotter hinein. Wenn die Stütze senkrecht und fest steht, füllen Sie das Loch mit Beton. Bohren Sie die Schraubenlöcher im Pfosten unbedingt vor. Anschließend ziehen Sie die Schrauben an, bis der Pfosten fest an der Betonstütze sitzt. Glätten Sie den Beton um den Zaunpfosten mit einer Maurerkelle.

DEN GARTENTEICH VOR DEM ÜBERLAUFEN SICHERN

Jeder Gartenteich muß gelegentlich „entrümpelt“ werden. Viele Gartenbesitzer wissen, wie leicht es passieren kann, daß der Teich den Garten überflutet. Um sich davor zu schützen, sollten Sie sicherheitshalber einen einfachen Abfluß an den Randsteinen des Teiches anlegen, über den das Wasser ablaufen kann. Bei dieser Arbeit kann man auch gleichzeitig ohne großen Mehraufwand ein Stromkabel zum Betrieb einer Pumpe oder Teichbeleuchtung verlegen.

ZEIT: EINIGE STUNDEN

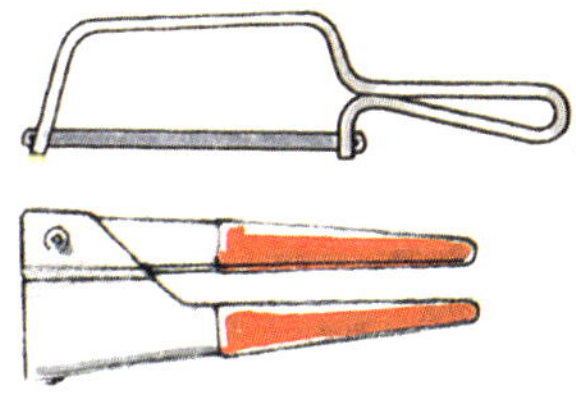

Erforderliches Werkzeug
Metall- oder Pucksäge
Blindnietenzange

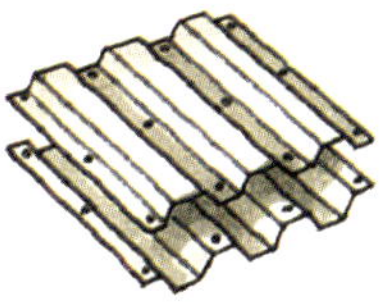

1 *Schneiden Sie für den Überlauf zwei Streifen Wellplastik von ungefähr 15 cm Breite zurecht. Die Länge sollte so bemessen sein, daß die Streifen unter den einfassenden Steinen verlegt werden können. Die Streifen werden mit Blindnieten zu einem Kanal von etwa 2,5 cm Tiefe verbunden.*

2 *Beseitigen Sie die Erde an der Stelle der Einfassung, an der der Überlauf angebracht werden soll. Die Steine sorgen dafür, daß der Überlauf einen gewissen Halt bekommt. Graben Sie am Ende des Überlaufs ein kleines Sickerbecken, das unten mit Schutt und darüber mit feinem Kies gefüllt wird.*

ZEIT: EINIGE STUNDEN

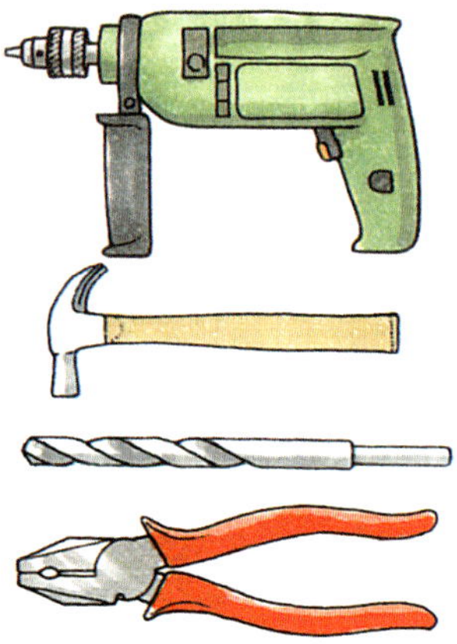

Erforderliches Werkzeug

Elektrische Bohrmaschine

Hammer

Steinbohrer

Zange

Anbringen eines Spalieres an einer Wand

Fertige Spaliere aus vorbehandeltem Holz oder Polystyrene werden in vielen Größen und Formen im Handel angeboten. Es gibt auch ausziehbare Modelle in Scherenbauweise, die eine problemlose Anpassung an die Gegebenheiten ermöglichen. Befestigen Sie das Spalier grundsätzlich mit rostfreien Schrauben und Dübeln am Mauerwerk. Mit Abstandshaltern oder kurzen Holzstücken wird dafür gesorgt, daß das Spalier weit genug von der Wand absteht, um das ungehinderte Wachstum von Kletterpflanzen zu ermöglichen.

Siehe auch:
Renovierung der Hauswand, Seite 118
Renovierung alter Mauern, Seite 64

EINE ALTE MAUER VERSCHÖNERN

Ziegel und Stein sind optisch ansprechende Baumaterialien, die man eigentlich nicht verkleiden muß. Wenn Sie eine Mauer nicht an den Baustil Ihres Hauses anpassen müssen, ist ein Anstrich nicht notwendig. Liegt die Mauer im Sichtbereich der Terrasse, dann kann das Mauerwerk auch durch Kletterpflanzen wie Efeu oder Clematis kaschiert werden.

Wie man Kletterpflanzen stützt

Bei älteren Efeuranken sind keine Spaliere notwendig, da sich die Wurzeln der Pflanze genug Halt am Mauerwerk verschaffen können. Ähnliches gilt für Kletterpflanzen, die ein klebriges Sekret absondern. Anfänglich sollte man jedoch auch diese Pflanzen durch Drähte oder ein Spalier stützen, um das Wachstum in die gewünschte Richtung zu führen. Sowohl Clematis als auch Passionsblumen benötigen dagegen unbedingt ein Spalier, wenn sie an einer Wand hochranken sollen.

DRÄHTE VERSPANNEN

Bringen Sie im Abstand von ungefähr 45 cm verzinkten oder kunststoffummantelten Draht an der Wand an.

1 *Der Draht wird an beiden Enden mit eingedübelten Schraubösen an der Wand befestigt.*

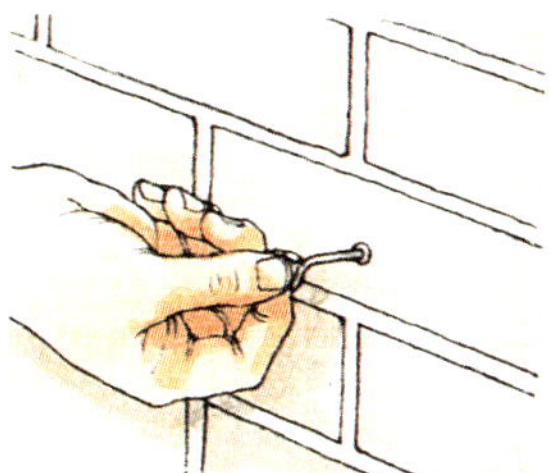

2 *Ziehen Sie den Draht zunächst an einem Ende durch die Schrauböse und verdrillen Sie ihn.*

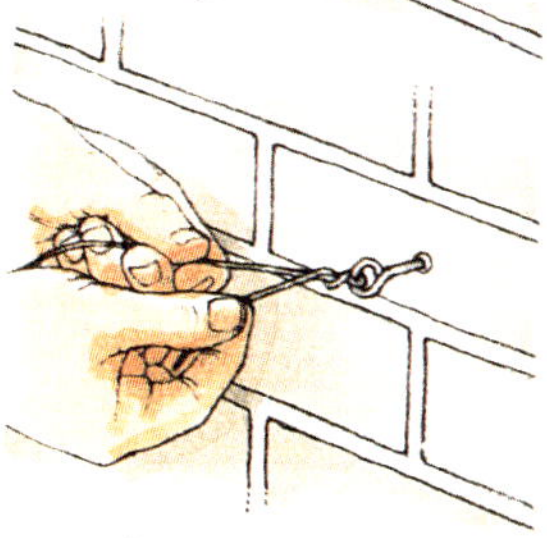

3 *Etwa alle zwei Meter muß der Draht gestützt werden, damit er nicht durchhängt. Das Ende wird an der 2. Schrauböse befestigt.*

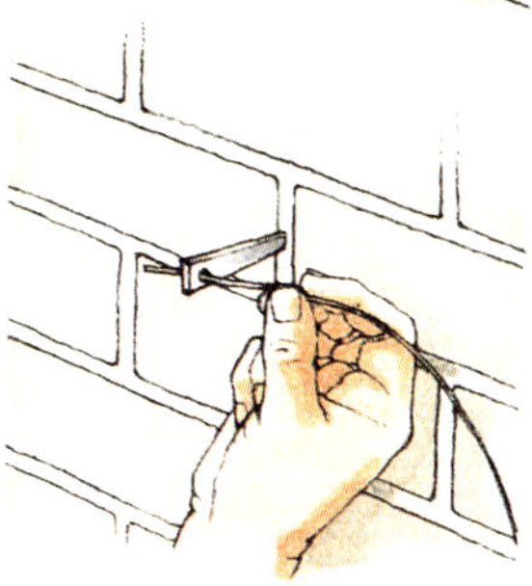

4 *Zur Befestigung der Ranken werden im Handel Kunststoffringe angeboten. Zur Not tun es auch einige lose Windungen Bindedraht.*

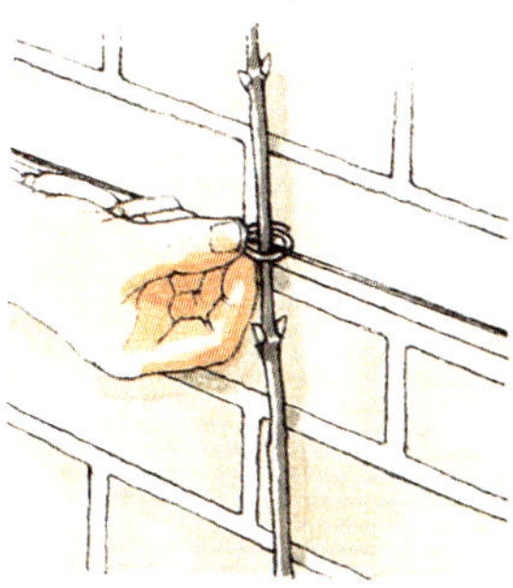

Beschädigt Efeu das Mauerwerk?
Es wird oft behauptet, daß Kletterpflanzen – und darunter ganz besonders Efeu – das Mauerwerk beschädigen. Wenn der Zustand des Putzes oder des Mörtels schlecht ist, kann eine kräftige Efeuranke durchaus Schaden anrichten, da ihre Wurzeln der Wand Feuchtigkeit entziehen. Die Wurzeln dringen auf der Suche nach Wasser in Ritzen ein und erweitern diese, bis sie aufplatzen können. Einer soliden, fachgerecht vermörtelten Ziegelwand kann das Wachstum der Pflanze jedoch nichts anhaben und sie dient der Pflanze nicht als „Nährboden", sondern bietet ihr nur eine Stütze. Wenn die Wand trocken und nicht schadhaft ist, kann es sich sogar vorteilhaft auswirken, wenn man für einen solchen natürlichen „Schutzmantel" sorgt, da die dicht wachsenden Blätter den Regen ableiten und zudem für eine zusätzliche Isolation sorgen.

TIP

Wie man das Wachstum eindämmt
Kletterpflanzen müssen regelmässig beschnitten werden, damit sie nicht in die Fugen zwischen den Dachziegeln hineinwachsen oder die Dachrinne verstopfen. Wenn man eine Kletterpflanze unkontrolliert wachsen läßt, kann es sogar passieren, daß ihr Gewicht eine geschwächte Wand zum Einstürzen bringt.

Befestigen loser Wegplatten

Zeit: einige Stunden

Wenn eine Pflasterung nicht auf einem Betonfundament ruht, werden früher oder später einzelne Steine durch Regenwasser, Ameisen oder Wurzeln gelockert. Falls Sie bemerken, daß eine oder mehrere Steine beim Betreten nachgeben, ist es höchste Zeit, die Pflasterung zu nivellieren – bevor jemand stolpert und sich verletzt.

Erforderliches Werkzeug
Fäustel
Spaten
kleine Maurerkelle

1 Stecken Sie die Spitze des Spatens in die Fuge und hebeln Sie sie vorsichtig aus dem Fundament.

2 Nivellieren Sie den Untergrund durch Auffüllen mit Sand oder Schotter. Komprimieren Sie die Stelle mit einem Kantholz.

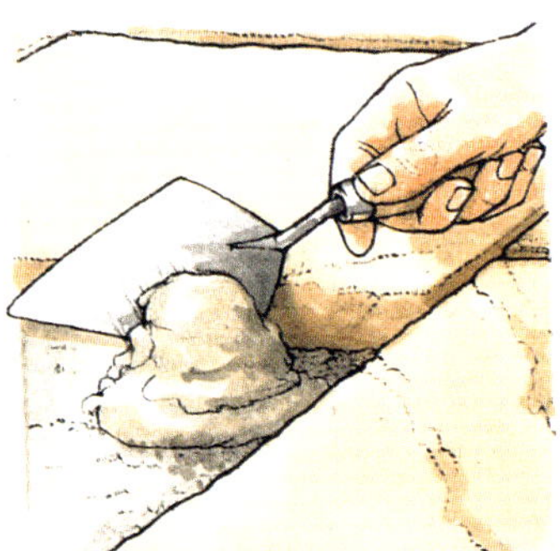

3 Rühren Sie einen festen Mörtel aus einem Teil Zement und vier Teilen Sand an. Geben Sie zunächst eine faustgroße Menge Mörtel in jede Ecke und in die Mitte des Lochs.

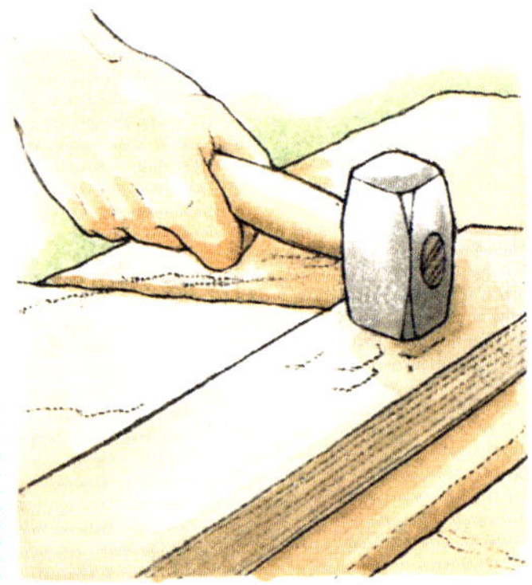

4 Legen Sie die Platte ein und richten Sie sie mit dem Spaten aus. Legen Sie zum Schutz ein Kantholz auf und klopfen Sie die Platte mit dem Fäustel fest, bis sie mit den umgebenden Platten bündig abschließt.

5 Reiben Sie mit einer Bürste ein trockenes Gemisch aus einem Teil Zement und 3 Teilen Sand in die Fugen und besprengen Sie die Stelle leicht mit Wasser.

STÖRENDE ÄSTE ENTFERNEN

Die meisten Bäume sollten nur so weit zurückgeschnitten werden, daß sie ihre Form behalten und nicht zuviel Schatten werfen. Falls Sie die Höhe eines großen Baumes verringern oder einen Baum daran hindern wollen, sich auf das Nachbargrundstück auszubreiten, sollten Sie einen professionellen „Baumdoktor" konsultieren. Viele Gemeinden machen strenge Auflagen und es kann sein, daß Sie vor dem Fällen eines Baumes eine offizielle Genehmigung einholen müssen. Das gilt besonders, wenn Sie in einem Naturschutzgebiet wohnen. Sprechen Sie auch mit Ihrem Nachbarn, bevor es Ärger gibt, weil Sie einen ausgewachsenen, gesunden Baum abholzen.

1 *Sägen Sie zunächst etwa 30 cm vom Stamm entfernt einen Einschnitt in die Unterseite des Astes.*

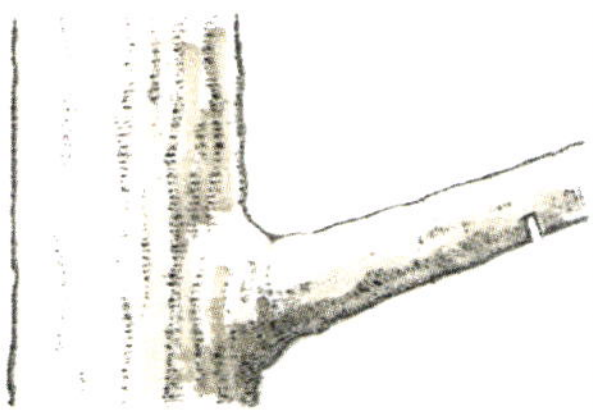

2 *Der zweite Einschnitt erfolgt auf der Oberseite und sollte etwa 2,5 cm weiter weg vom Stamm liegen.*

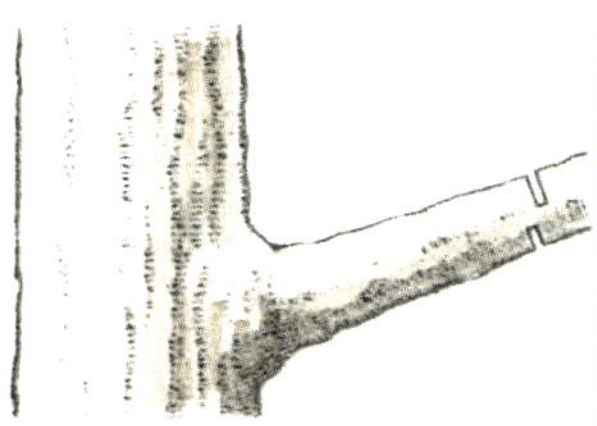

3 *Während Sie den zweiten Einschnitt sägen, wird das Gewicht den vorderen Teil des Astes allmählich herunterziehen, bis das Holz zwischen den beiden Einschnitten nachgibt. So geht der Ast zu Boden, ohne die Rinde des Stammes zu beschädigen.*

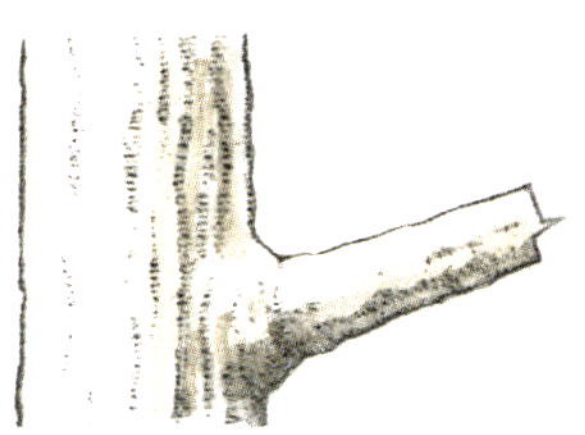

4 *Entfernen Sie den Stumpf mit einem geraden Schnitt so nahe wie möglich am Stamm. Glätten Sie die Schnittkanten mit dem Trimmesser. Schützen Sie die Schnittstelle mit einer Versiegelung, die Sie im Fachhandel kaufen können. So wird der Baum vor Feuchtigkeit, Frost und Schädlingen geschützt.*

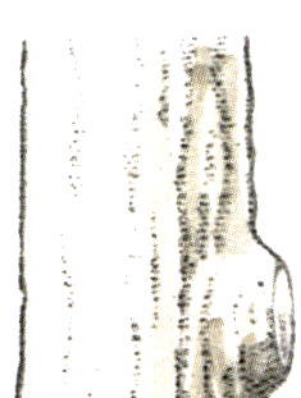

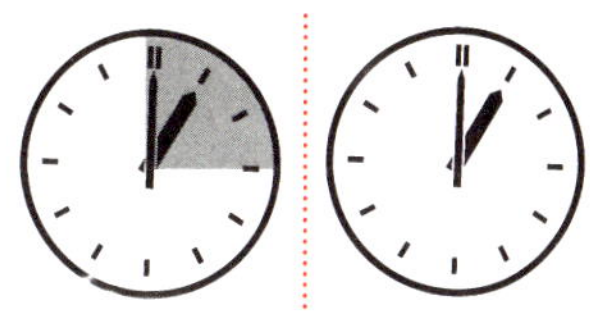

ZEIT: EINIGE STUNDEN

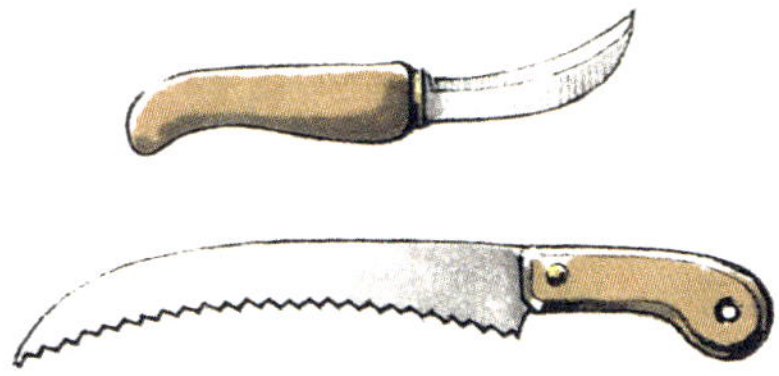

Erforderliches Werkzeug

- Trimmesser
- Ast- oder Baumsäge
- ausrangierter Pinsel

Abschneiden beschädigter Zweige

Sie können bedenkenlos einen kranken Ast zurückschneiden oder den Stumpf eines abgebrochenen Asts sauber beschneiden, sollten aber zuvor sicherstellen, daß die herunterfallenden Reste nicht die Rinde des Stamms verletzen. Grundsätzlich sollten Sie es vermeiden, auf den Baum zu klettern, ohne vorher eine Plattform zu errichten oder sich zumindest mit einem Seil abzusichern.

Die hier beschriebene Methode sorgt dafür, daß die herunterfallenden Reste nicht den Stamm beschädigen können.

Wenn es sich nicht gerade um einen Notfall handelt, sollte man derartige Arbeiten auf das Ende des Winters oder den Beginn des Frühjahrs verschieben. Bei einigen Obstbäumen wie z.B. Pflaume und Kirsche ist es jedoch besser, dies im Hochsommer zu erledigen.

Regenwasser sammeln

Zeit: einige Stunden

Ein langer, trockener Sommer kann zu einer Wasserknappheit führen, so daß die Behörden das Bewässern von Gärten aus der Wasserversorgung vorübergehend verbieten. Das Sammeln von Regenwasser verhindert somit größeren Schaden, doch sprechen ganz allgemein auch Kostengründe dafür, den Garten aus einem Sammelbehälter zu bewässern anstatt aus der Hauswasserversorgung.

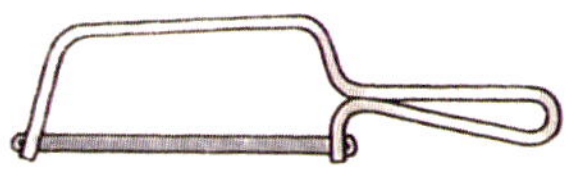

Erforderliches Werkzeug

Metallsäge

Abzweig und Sammelbehälter für Regenwasser

Durch Einbau eines Abzweigs in ein Fallrohr können Sie das Regenwasser über ein flexibles Rohr in den Sammelbehälter leiten.

Wenn Sie einen sehr großen Garten haben, ist es auch möglich, zwei Sammelbehälter mit einem flexiblem Rohr zu koppeln. Alternativ können Sie auch zwei Sammelstellen einrichten, z.B. eine am Fallrohr des Hauses und eine zweite an der Garage oder am anderen Ende des Gartens. Stellen Sie die Behälter entweder auf den im Handel erhältlichen Ständern auf oder bauen Sie einen Sockel aus Fertigbetonplatten, auf dem auch Platz für eine Gießkanne sein sollte.

Es gibt verschiedene Ausführungen von Abzweigen für handelsübliche Querschnitte von Fallrohren, aber auch solche, die man an Rohre mit rechteckigem Querschnitt anpassen kann.

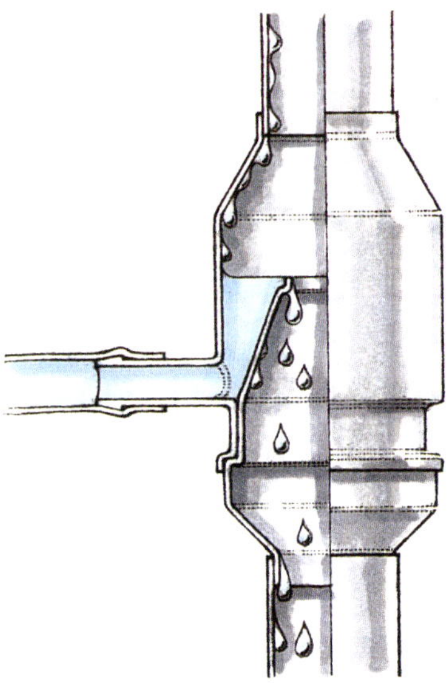

Innenansicht eines Abzweigs

Das Wasser läuft an den Innenwänden des Fallrohres (1) entlang und wird in einen kreisförmigen Kanal (2) geleitet, aus dem es über das Füllrohr (3) in den Sammelbehälter läuft. Wenn dieser gefüllt ist, sorgt der Überlauf dafür, daß das Wasser in den unteren Teil des Fallrohres (4) abfließt.

Flexibles Füllrohr

Regenwasser-Abzweig

Einpassen eines Regenwasser-Abzweigs

Da Abzweige unterschiedlicher Marken etwas anders ausgeführt sind, sollte man sich an die Einbauanleitung des Herstellers halten. Hier wird beispielhaft der Einbau eines Abzweigs in ein Fallrohr mit kreisförmigem Querschnitt beschrieben.

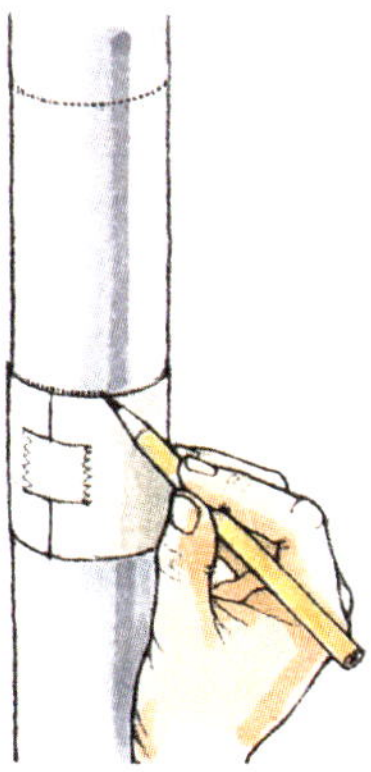

1 Ziehen Sie in der Höhe des oberen Randes des Sammelbehälters eine Linie rund um das Rohr. Falls Sie den Behälter auf einen Sockel stellen wollen, müssen Sie selbstverständlich dessen Höhe berücksichtigen. Die exakte Position des Abzweigs entnehmen Sie der Maßskizze des Herstellers.

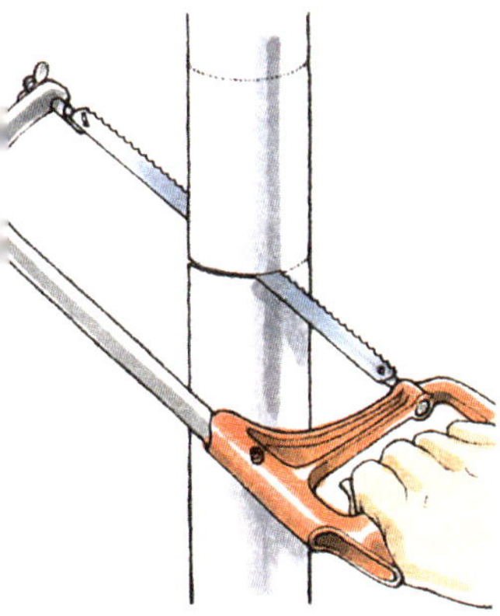

2 Trennen Sie das Rohr an der markierten Stelle mit der Metallsäge durch.

3 Schieben Sie den Abzweig auf das obere Ende des Fallrohres. Anschließend ziehen Sie ihn wieder soweit nach unten, daß er weit genug in den unteren Teil des Rohres einmündet. Drehen Sie den Abzweig, bis das Rohr in die Richtung zeigt, wo der Sammelbehälter steht.

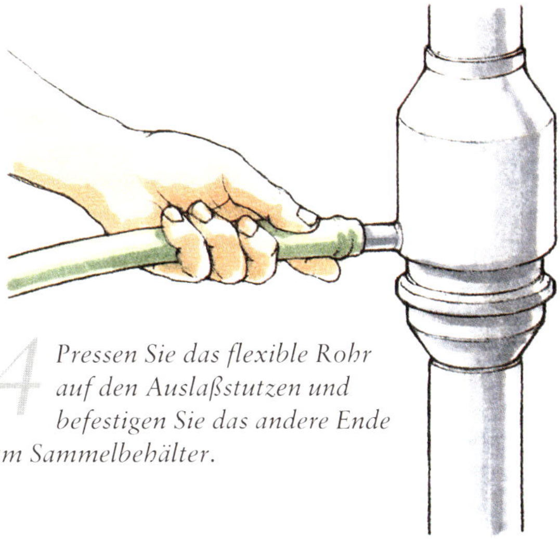

4 Pressen Sie das flexible Rohr auf den Auslaßstutzen und befestigen Sie das andere Ende am Sammelbehälter.

Kombination aus zwei Behältern

TIP

Deckel für den Sammelbehälter

Der Sammelbehälter sollte mit einem Deckel versehen sein, der mit einer Kindersicherung ausgestattet ist. Solche Deckel sind auch als universelles Zubehörteil erhältlich.

ZEIT: EINIGE STUNDEN

PFLANZEN VOR WIND UND FROST SCHÜTZEN

Neu angepflanzte Büsche und Bäume sind vom Beginn des Herbstes bis zum späten Frühjahr häufig kalten, trockenen Winden ausgesetzt, die sich besonders bei Nadelbäumen verheerend auswirken können. Zudem kann es in dieser Zeit auch schnell zu Frostschäden kommen. Wenn der Herbst naht, sollten Sie einige einfache Vorbereitungen treffen, um Ihre Pflanzen zu schützen.

WINDSCHUTZ FÜR PFLANZEN

Ein permanenter Schutz kann dadurch erreicht werden, daß man an der Wetterseite des Gartens (meist Nord oder Nordwest) Hecken oder Gruppen von widerstandsfähigen Bäumen oder Büschen pflanzt. Doch falls ein solcher Windfang unerwünscht ist, gibt es durchaus andere Methoden, empfindliche Pflanzen vor dem Wind zu schützen.

Windfang für Büsche
Um Büsche vor dem Wind zu schützen, kann man vor der Pflanze Schutzgitter anbringen. Alternativ schlägt man vor der Pflanze eine Reihe von Pfählen aus Bambus oder anderem Material in den Boden, an denen man Zweige mit Bindedraht befestigt.

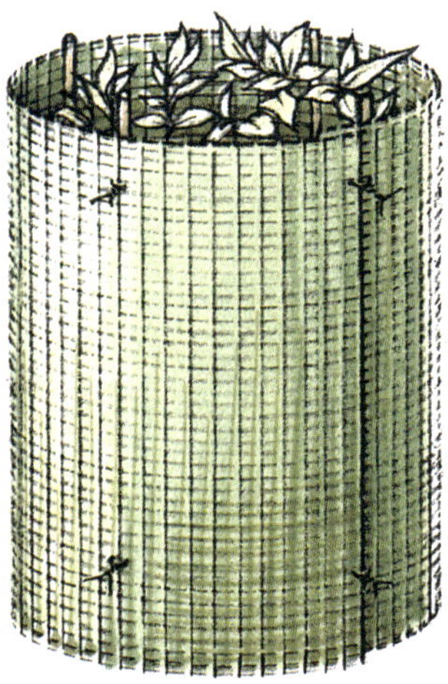

Schutz gegen kalten Wind
Ein wirksamer Schutz besteht aus einer Abschirmung der Pflanzen mit einem Material, das die Stärke des Windes reduziert und trotzdem eine freie Zirkulation der Luft erlaubt. Ein wirksamer Weg liegt darin, einen bestehenden Zaun aus Maschendraht oder Latten mit Ried oder Stroh gegen den Wind abzudichten. Alternativ kann man einen provisorischen Windfang aus Kunststoffgeflecht oder Sackleinen aufbauen, das man an stabilen Rohren befestigt oder mit dem Tacker an Holzpfählen befestigt.

Siehe auch:
Wie man Kletterpflanzen stützt, Seite 19

Schutz von Kletterpflanzen und Obstbäumen
Bei Kletterpflanzen oder Obstbäumen, die direkt an einer Mauer stehen, können Sie ein Netz anbringen. Befestigen Sie das Netz an Drähten, die über die Wand verspannt wurden.

Schutz vor Frost

Freistehende Bäume stützen
Junge Bäume sollten auf jeden Fall mit Pfählen vor starken Windböen gesichert werden. Graben Sie ein Loch für den Wurzelballen des Baumes und treiben Sie dicht daneben auf der Wetterseite einen soliden Pfahl in den Boden. Pflanzen Sie den Baum ein und richten Sie ihn zunächst aus, bevor Sie den Stamm direkt unter der Krone mit einem Kunststoff- oder Gummibinder festzurren, der speziell zu diesem Zweck in Gartenmärkten angeboten wird. Die Schlaufe des Binders sollte zwischen dem Stamm und dem Pfahl liegen. Falls nötig, sägen Sie den Pfahl ab, bis er genau die gleiche Höhe hat wie der Stamm.

Schon bei der Planung Ihres Gartens sollten Sie überlegen, an welchen Stellen der Begrünung Schaden durch Frost droht. Empfindliche Pflanzen sollten niemals an den tiefer liegenden Stellen eines Gartens gepflanzt werden, weil sich dort die kalten Luftströmungen sammeln.
Umsichtige Gärtner schützen die Wurzeln mit Stroh oder Rindenmulch vor Bodenfrost. Die Mulchschicht sollte mit Maschendraht vor dem Wind gesichert werden.

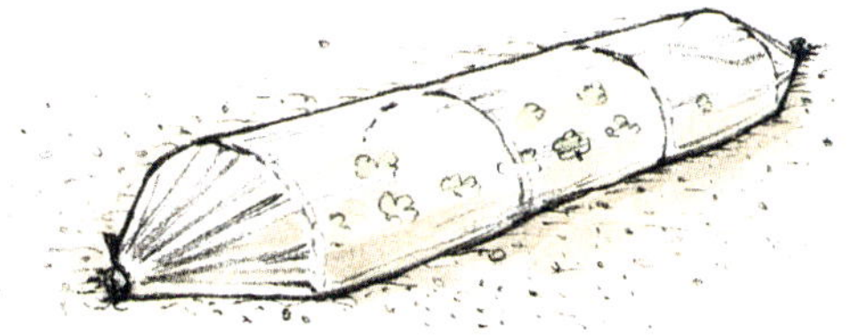

Schutz von Pflanzreihen
Im Handel werden Folientunnel angeboten, mit denen man Pflanzen vor dem Frost schützen kann. Die Bausätze bestehen aus einer Kunststoffolie und Rahmenteilen, die in die Erde gesteckt werden. Einen solchen Tunnel kann man auch aus Kunststoffolie und biegsamen Ästen selbst bauen.

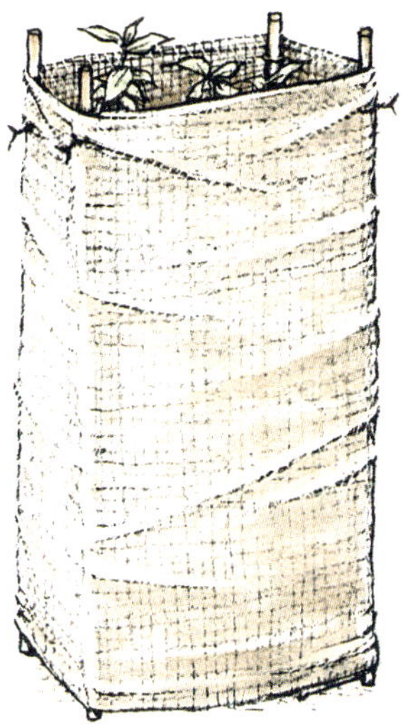

Schutz größerer Pflanzen
Schützen Sie kleine Pflanzen mit PET-Getränkeflaschen. Schneiden Sie vorher den Boden der Flasche ab und pressen Sie die Schnittkante in die Erde. Um besonders zarte Pflanzen zu sichern, können Sie kurze Bambusstäbe oder Holzpflöcke rundherum in den Boden stecken, die die Flasche stützen. Größere Pflanzen können direkt in Kunststoffolie oder Sackleinen eingeschlagen werden. Man kann auch eine Art Zelt um die Pflanze errichten.

Bau einer Feuerstelle

Zu einem Teil können organische Abfälle und auch Altpapier zu Kompost umgewandelt werden, was natürlich dem Garten zugute kommt. Bei dichter Bepflanzung ist es jedoch fast unerläßlich, einen Teil der Gartenabfälle auf andere Weise loszuwerden. Eine Möglichkeit liegt in der Anschaffung eines Verbrennungsofens. Statt auf ein fertiges Produkt zurückzugreifen, können Sie auch selbst aus einer Blechtonne oder Ziegeln eine Feuerstelle bauen. Zuerst sollten Sie sich allerdings informieren, ob das Verbrennen von Gartenabfall in Ihrer Gegend überhaupt erlaubt ist.

Erforderliches Werkzeug

- Fäustel
- Meißel

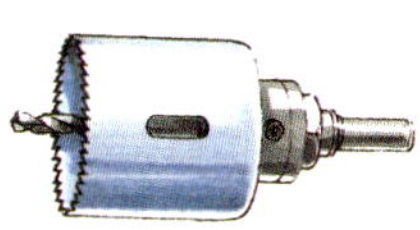

Alternativ

- Topfbohrer
- Elektrische Bohrmaschine

Umbau einer Tonne

Verzinkte Mülltonnen aus Blech sind in Deutschland nicht ohne weiteres erhältlich, obwohl man sie im angrenzenden Ausland leicht beschaffen kann. Da die vor Rost schützende Zinkschicht jedoch ohnehin stark angegriffen wird, kann man auch direkt eine Öltonne verwenden. Füllen Sie die Tonne zunächst bis zur Hälfte mit Sand. Dann schlagen Sie mit Fäustel und Meißel in gleichmäßigem Abstand Löcher in den unteren Teil der Tonne. Sicherheitshalber sollten Sie dabei Arbeitshandschuhe und eine Schutzbrille tragen.

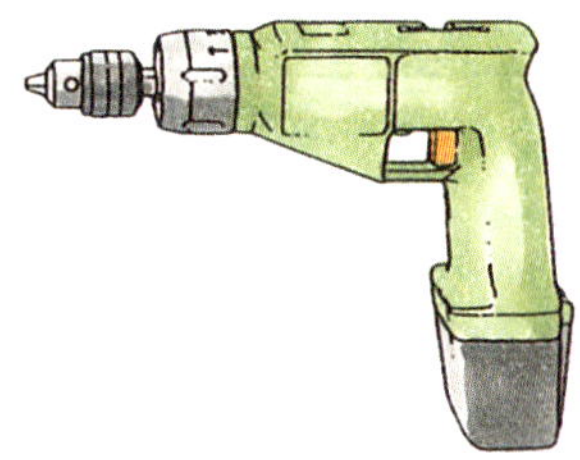

Topfbohrer mit festem Durchmesser – hier 2,5 cm – sind im Gegensatz zu verstellbaren Kreisbohrern auch für die Bearbeitung von Eisenblech geeignet.

SIE KÖNNEN DIE LÖCHER AUCH MIT DER BOHRMASCHINE UND EINEM TOPFBOHRER VON CA. 2,5 CM DURCHMESSER BOHREN. NACHDEM SIE DEN SAND WIEDER AUSGEKIPPT HABEN, BOHREN SIE NOCH EINIGE KLEINERE LÖCHER

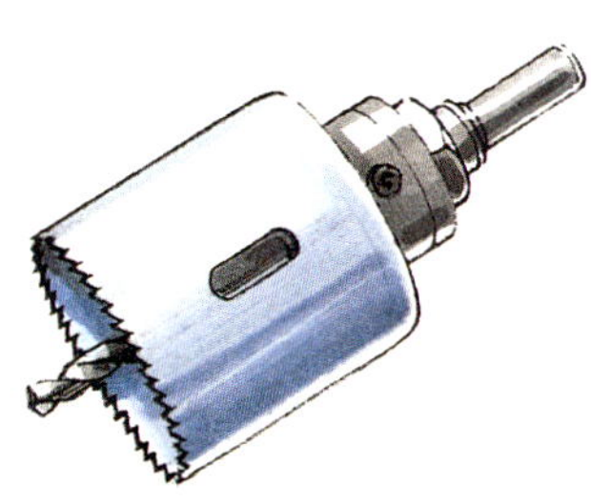

IN DEN BODEN DER TONNE, DAMIT DAS REGENWASSER ABLAUFEN KANN. BAUEN SIE AUS ZIEGELSTEINEN ODER BETONPLATTEN EINEN SOCKEL FÜR DIE TONNE.

Siehe auch:
Bau einer Kompostkiste, Seite 50

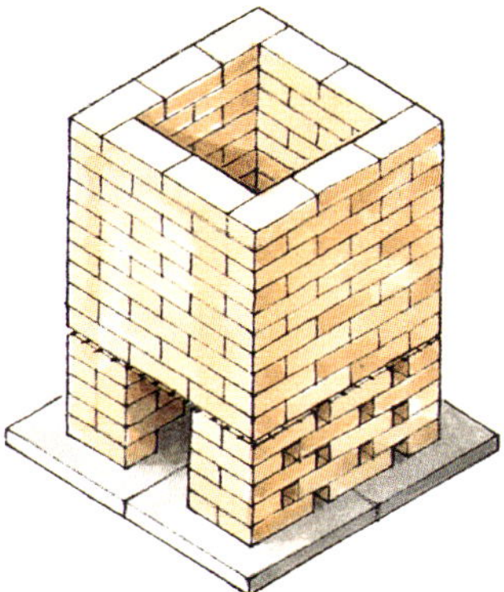

Bau eines gemauerten Ofens

Wählen Sie einen Standort, der möglichst plan ist und weit abseits des Hauses und überhängender Laubbäume liegt. Zum Bau des Ofens werden insgesamt 140 Trokkenziegel verwendet, die in 15 Lagen hochgemauert werden.

Legen Sie zunächst einen quadratischen Sockel aus vier Betonplatten an – dieser Schritt kann entfallen, wenn der Untergrund fest genug ist. Das Fundament besteht aus acht Ziegeln, die in einem Abstand von 5 cm zu einem Quadrat ausgelegt werden. Die Öffnung zum Herausnehmen der Asche wird entweder durch einen quer verlegten oder einen halben Ziegel realisiert. Die nächsten Lagen werden auf gleiche Weise gemauert. Nach fünf Lagen wird ein festes Streckgitter aus entsprechend dickem Material aufgelegt. Bei den verbleibenden zehn Lagen werden jeweils zehn Ziegel verwendet, die dicht an dicht gemauert werden.

Schneiden Sie die Gartenabfälle immer so zurecht, daß sie sich problemlos in den Ofen stecken lassen – wenn Sie versuchen, dicke Äste in den Ofen zu rammen, können die Ziegel verrutschen.

BAU EINES GEMAUERTEN OFENS
1 SOCKEL AUS BETONPLATTEN
2 LUFTKANÄLE
3 ÖFFNUNG ZUM HERAUSNEHMEN DER ASCHE
4 DRAHTGITTER
5 GEMAUERTER KAMIN

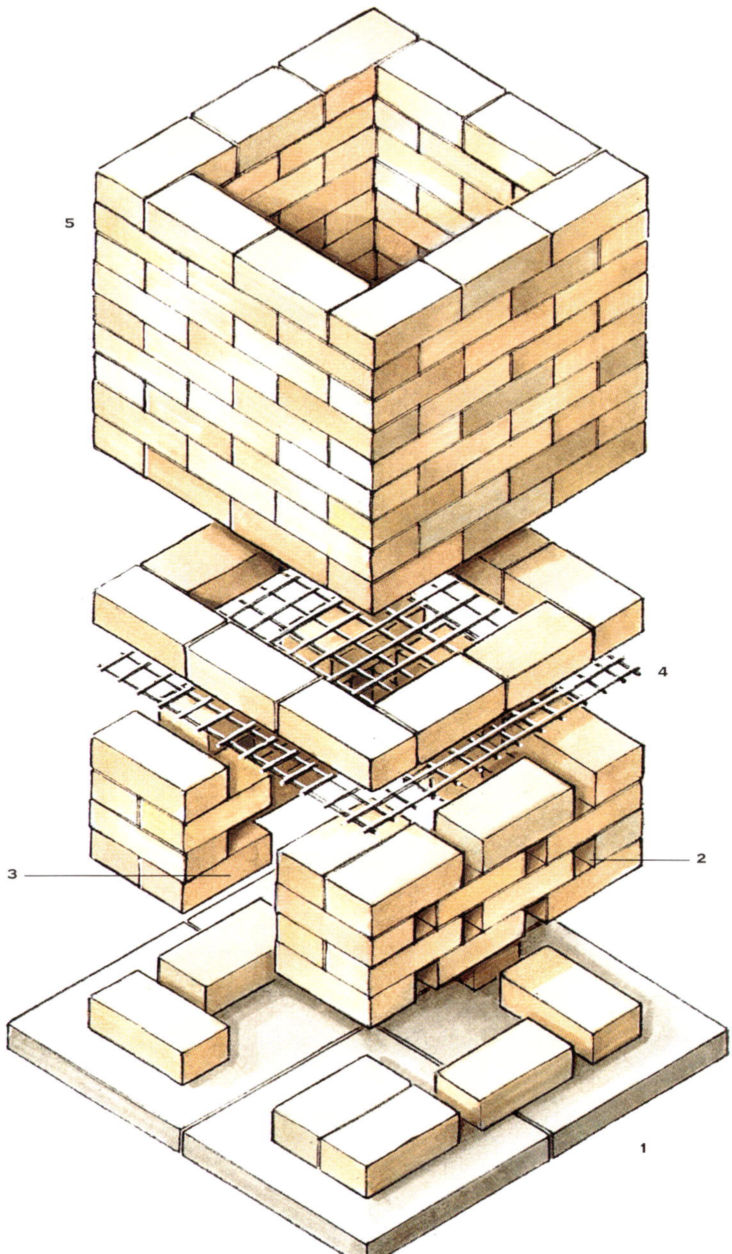

VEGETA
SURG
GROE
GLUCOSE-D

2 PROJEKTE „FÜR EINEN VORMITTAG“

Trittsteine auf dem Rasen verlegen

ZEIT: EIN VORMITTAG

Häufig benutzte Wege (etwa die zur Hintertür Ihrer Garage oder zu einem Treibhaus am Ende des Gartens) sollten gepflastert werden, da sonst die Gefahr besteht, daß der Rasen bald kahle Stellen aufweist. Falls ein gepflasterter Weg Ihnen jedoch etwas zu aufwendig und künstlich erscheint, sollten Sie Trittsteine aus Beton verlegen. Noch natürlicher wirkt ein solcher Weg, wenn Sie unregelmäßig geformte Platten aus Naturstein verwenden.

Erforderliches Werkzeug

Spaten oder Maurerkelle

Fäustel

1 Legen Sie den Stein lose auf und benutzen Sie ihn als Schablone, um die Rasendecke auszustechen.

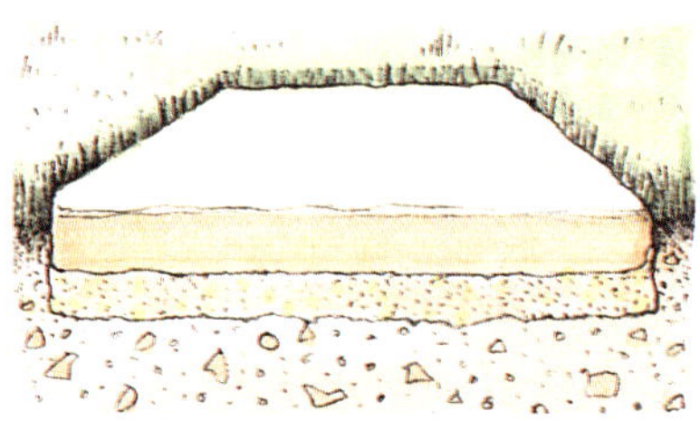

2 Der Stein sollte knapp 2 cm unter dem umgebenden Bodenniveau auf einer etwa 2,5 cm dicken Sandschicht liegen. Liegt der Stein dagegen zu hoch, können die Klingen des Rasenmähers beschädigt werden.

3 Klopfen Sie den Stein wie im Bild gezeigt fest, bis er beim Drauftreten nicht mehr wackelt.

UNREGELMÄSSIGER ÜBERGANG ZU EINER TERRASSE

TIP

Übergang zu einer Terrasse

Ein Weg aus Trittsteinen läßt sich effektvoll mit einer Terrasse verbinden, die ebenfalls aus unregelmäßig geformten Natursteinen aufgebaut ist. Legen Sie die Steine der Terrasse zum Weg hin in größerem Abstand, damit der Übergang natürlicher erscheint.

Dekorative Kiesbeete anlegen

Große Kieselsteine, wie man sie auch an einheimischen Stränden sammeln kann, können mit Pflanzen und großen Felssteinen zu einem dekorativen Arrangement verlegt werden. Eine solches Kiesbeet läßt sich auch dauerhaft anlegen, indem man beim Bau Mörtel oder Beton verwendet. Große Kiesel werden auch in Gartencentern und Baumärkten verkauft.

Steine in Beton fassen

Legen Sie zunächst eine Schicht Schotter aus und bedecken Sie diese mit einer etwa 5 cm hohen Schicht aus trocken angemischtem Beton. Pressen Sie die Kiesel möglichst eng nebeneinander, wobei die Steine mit einem Großteil ihrer Oberfläche aus der Betonschicht ragen sollten.

Mit einem möglichst schweren Kantholz werden die Steine festgestampft. Anschließend muß der gesamte Bereich leicht mit Wasser besprengt werden, damit der Beton glatt durchhärtet.

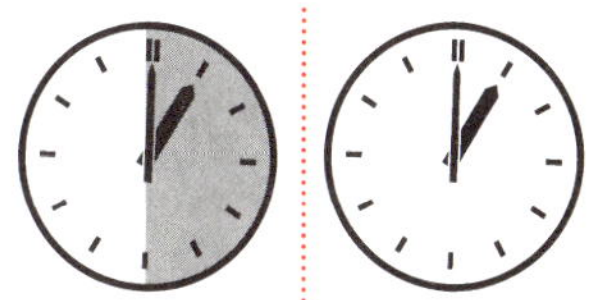

ZEIT: EIN VORMITTAG

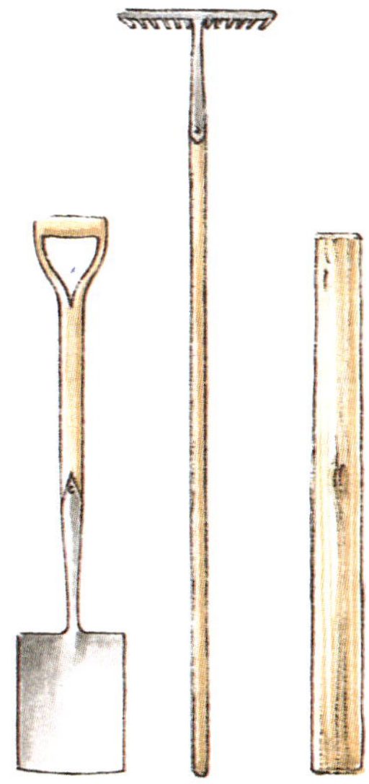

Erforderliches Werkzeug

Schweres Kantholz

Rechen

Spaten

Fest oder lose

Sie können die Steine in Beton betten und dazwischen Stellen für einzelne Pflanzen freilassen (oben). Oder Sie legen das Beet wie einen natürlichen Kiesstrand an, was ebenfalls ansprechend aussieht und einiges an Arbeit spart (links).

Siehe auch:
Anmischen von Beton, Seite 111

ZEIT: EIN VORMITTAG

STEINSTUFEN AUSBESSERN

Inspizieren Sie Außentreppen regelmässig auf Schäden. Angebrochene Platten sollten ersetzt werden, wackelige oder lose neu verlegt. Reparieren Sie Fugen, bevor sich der Mörtel vollständig auflöst. Bei Holztreppen sollten verrottete Stufen und Pfosten vollständig ersetzt werden.

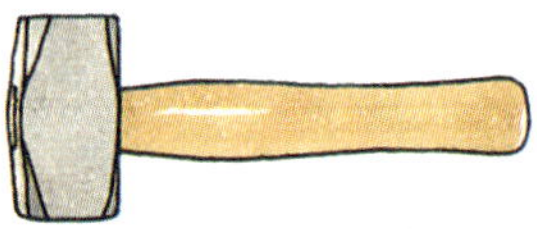

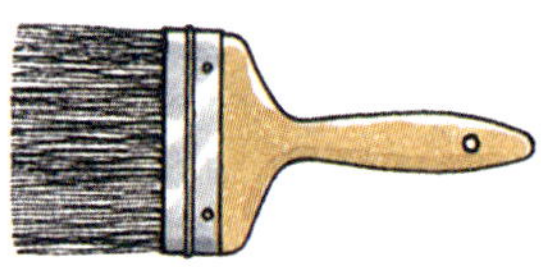

Erforderliches Werkzeug

- Fäustel
- Meißel
- Kelle zum Glätten
- Maurerkelle
- Pinsel
- Schutzbrille

TIP

Was man gegen rutschige Stufen unternehmen kann

Wo es feucht ist – besonders unter Bäumen – entwickeln sich schnell Beläge aus Algen oder Pilzen, auf denen man leicht ausrutschen kann. Bürsten Sie die gefährdeten Stufen mit einer Lösung aus einem Teil Bleichsoda und vier Teilen Wasser ab. Nach 48 Stunden wischen Sie mit klarem Wasser sorgfältig nach. In besonders hartnäckigen Fällen müssen Sie diese Prozedur mehrmals durchführen. Wenn Sie ein Spezialmittel gegen Pilze oder Algen verwenden, sollten Sie genau nach Anweisung des Herstellers vorgehen.

Machen Sie es sich zur Angewohnheit, nasse Blätter sofort von den Wegen und Stufen zu beseitigen.

Siehe auch:
Eine Steintreppe anlegen, Seite 94
Befestigen loser Wegplatten, Seite 20
Mauerwerk reparieren, Seite 67

Reparatur von Betontreppen

Wie andere Formen von Mauerwerk wird auch Beton mit der Zeit rissig. Bei starkem Frost wird der Schaden schnell größer. Da die Kanten der Stufen beim Betreten am stärksten belastet werden, treten Frostschäden zuerst dort zutage. Solche Schadstellen sollten unverzüglich repariert werden. Sie sehen nicht nur häßlich aus, sondern stellen auch eine Unfallursache dar.

1 *Tragen Sie auf jeden Fall eine Schutzbrille, wenn Sie den beschädigten Beton wegmeißeln. Sägen Sie ein Brett so zurecht, daß es genau die Höhe der Treppenstufe aufweist. Richten Sie es vertikal an der Stufe aus und sorgen Sie mit einigen Ziegeln dafür, daß es fest sitzt. Streichen Sie die Oberfläche an der beschädigten Stelle mit einem geeigneten Haftgrund ein.*

2 *Mischen Sie eine kleine Menge Beton aus einem Teil Zement, zwei Teilen Sand und drei Teilen feinem Kies an. Fügen Sie ein wenig Haftgrund hinzu, damit der Beton besser an der Oberfläche haftet. Wenn die behandelte Oberfläche so weit getrocknet ist, daß sie sich beim Berühren noch klebrig anfühlt, füllen Sie das Loch mit dem Betongemisch.*

3 *Bearbeiten Sie die Abschlußkante mit einem selbstgemachten Kantenspachtel, bis die Kante sauber mit dem Brett abschließt.*

Anfertigen eines Kantenspachtels
Winkeln Sie ein Stück Walzblech über einem Rohr mit einem Durchmesser von ca. 2 cm so ab, daß eine verrundete Kante entsteht. Befestigen Sie anschließend ein Stück Holz als Griff. Dieser Spachtel ist sehr hilfreich, um die Treppenkante zu verrunden. Führen Sie ihn dazu an der Kante entlang, indem Sie das Schalbrett als Führung benutzen.

Holzzäune reparieren

Zeit: Ein Vormittag

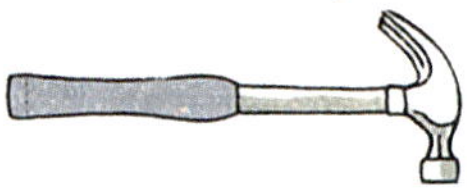

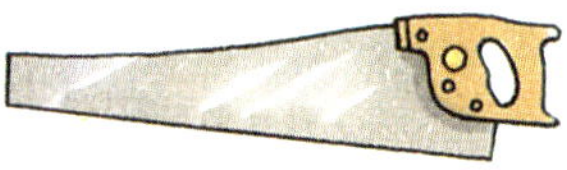

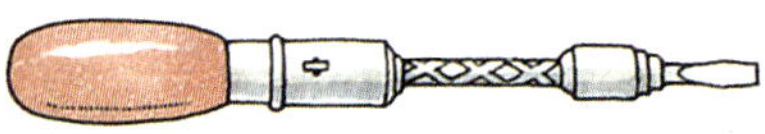

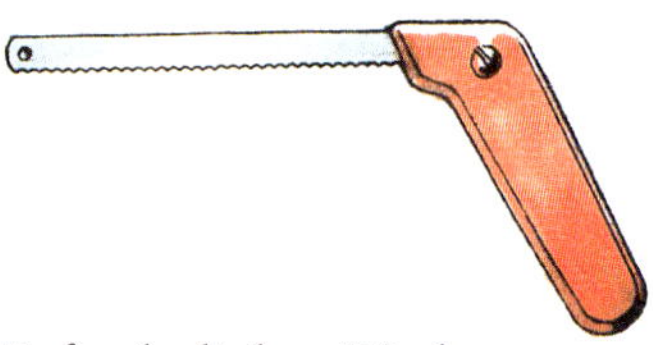

Erforderliches Werkzeug

- Spaten
- Metallsäge
- Hammer
- Fuchsschwanz
- Schraubendreher
- Wasserwaage
- *Bei Verwendung von Einschlag-Bodenhülsen*
- Vorschlaghammer
- Schraubenschlüssel (verstellbar)

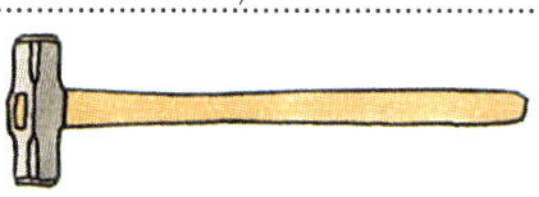

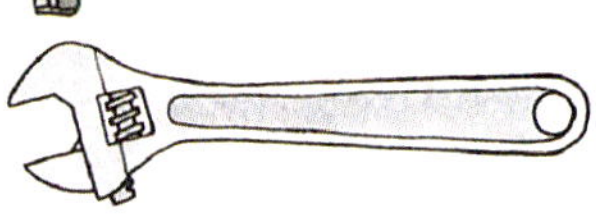

Siehe auch:
Reparatur eines verrottenden Zaunpfostens, Seite 16

Starke Windböen richten an alten Zäunen häufig Schäden an, zumal es früher üblich war, die Pfosten einfach in ein Schotterbett zu setzen. Es kommt hinzu, daß die alten Pfosten nicht druckimprägniert oder auf andere Weise haltbar gemacht wurden, weshalb sie ganz zwangsläufig dem Wasser und somit der Fäulnis ausgesetzt sind.

Eine gewisse Zeit lang kann man sich mit kleinen Reparaturen behelfen, aber irgendwann kommt der Zeitpunkt, an dem man den einen oder anderen Pfosten komplett ersetzen muß, wenn man Wert auf den Erhalt des Zaunes legt. Es sollte nicht länger als einen halben Tag in Anspruch nehmen, einen Pfosten zu ersetzen.

Wenn Sie allerdings mit einem Betonfundament arbeiten wollen, müssen Sie die Wartezeit hinzurechnen, die der Beton zum Abbinden benötigt.

Nehmen Sie einen Pfosten, der etwa die gleiche Größe hat wie das Original. Vergessen Sie aber nicht, daß der neue Pfosten mindestens um ein Viertel länger sein sollte als der alte, damit er sicher im Fundament verankert ist. Man sollte außerdem eine gewisse Reserve einplanen, damit man den Pfosten nötigenfalls durch Absägen an die anderen anpassen kann.

Schutz von Zaunpfählen

Ein neuer, druckimprägnierter Pfosten ist die beste Garantie gegen Fäulnis. Wenn Sie jedoch keinen Pfosten in der Farbe Ihres Zaunes im Handel finden, lohnt es sich, den neuen selbst mit einem entsprechenden Schutzmittel zu behandeln.

NATURHOLZ LASIERT DRUCKIMPRÄGNIERT

Holzschutzmittel für Zäune

Es gibt klare Schutzanstriche auf Lösungsmittelbasis, die Holz ausschließlich vor Fäulnis durch Wasseraufnahme schützen. Sie können aber auch einen Allzweckschutzanstrich verwenden, der das Holz zusätzlich gegen Holzschädlinge immunisiert. Die meisten modernen Schutzanstriche auf Lösungsmittelbasis sind unschädlich für Pflanzen, wenn sie erst einmal durchgetrocknet sind. Trotzdem sollte man natürlich genau darauf achten, was man kauft. Wasserlösliche Schutzanstriche sind geruchsneutral und greifen die im Gartenbereich üblichen Hölzer nicht an.

Getönte Schutzanstriche haben den Vorteil, daß der Zaun geschützt und in der gewünschten Farbe lasiert wird. Im Handel sind verschiedene Brauntöne erhältlich, die den bekanntesten Harthölzern ähneln. Die auf Lösungsmitteln basierenden Anstriche sind mit lichtechten Pigmenten versehen, um ein Ausbleichen der Farbe zu unterbinden. Zwar werden sie nicht so gut vom Holz absorbiert wie klare Holzschutzmittel, bieten aber trotzdem einen etwas besseren Schutz als auf Wasser basierende Anstriche.

Tränken der Pfähle

Jedes Holz, das mit der Erde über längere Zeit in Berührung kommt, sollte für einen gewissen Zeitraum mit einem Holzschutzmittel getränkt werden. Sie sollten den Zaunpfosten also zumindest über Nacht in einen Eimer mit Holzschutzmittel stellen.

1 *Eine bessere Möglichkeit liegt darin, aus Ziegeln und einer Kunststoffplane ein provisorisches Tauchbecken zu bauen. Füllen Sie das Becken mit Holzschutzmittel und legen Sie einen oder mehrere Pfosten hinein.*

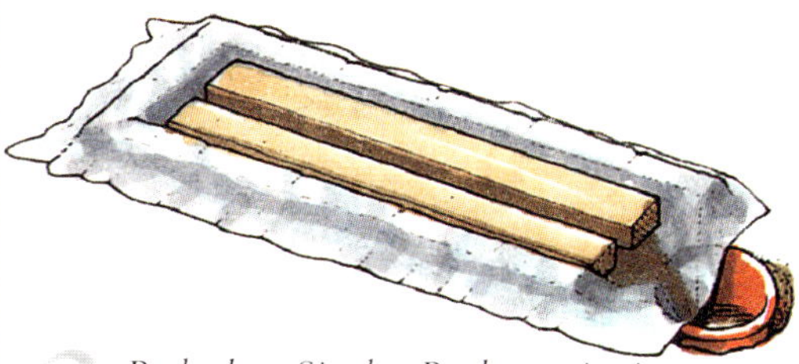

2 *Bedecken Sie das Becken mit einer zweiten Plane und lassen Sie das Holz zumindest für eine Nacht ziehen. Um das Becken anschließend zu entleeren, stellen Sie eine Schüssel an ein Ende und entfernen dort einen der Ziegel.*

TIP

Vorsichtsmaßnahmen bei der Verwendung von Holzschutzmitteln

Auf Lösungsmitteln basierende Holzschutzmittel sind leicht entzündlich – Sie sollten beim Umgang damit also weder Rauchen noch mit offenem Feuer hantieren. Tragen Sie auf jeden Fall Gummihandschuhe und eine Schutzbrille.

Den alten Zaunpfosten entfernen

Sie sollten zunächst dafür sorgen, daß der Zaun beim Entfernen des Pfostens nicht umkippt.

1 Nägel oder Krampen können Sie schnell und problemlos mit einer Handsäge durchtrennen.

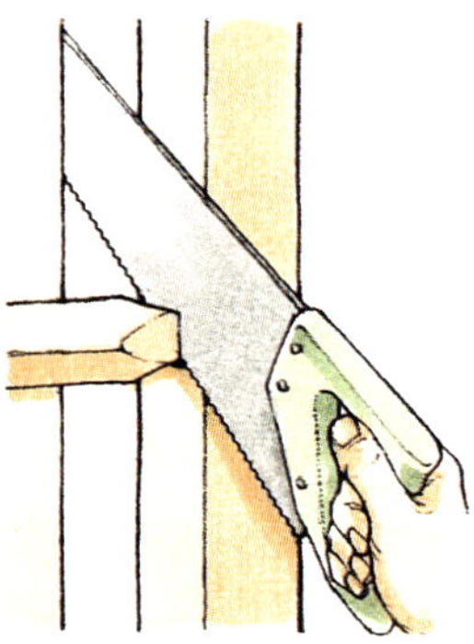

2 Eingelassene Querstreben werden mit dem Fuchsschwanz abgesägt, nachdem man das erste Brett seitlich vom Pfosten herausgenommen hat.

3 Wenn man den Mutterboden im Bereich des Pfostens wegnimmt, läßt er sich meist schon ohne großen Kraftaufwand herausziehen. Falls er jedoch festsitzt oder gar in Beton eingelassen ist, sollten Sie versuchen, ihn mit einem Kantholz herauszuhebeln. Dazu schlagen Sie zunächst etwa 30 cm über dem Boden große Nägel in zwei gegenüberliegende Seiten des Pfostens. Dann schlingen Sie einige Lagen Seil um die Stelle unterhalb des Nagels und knüpfen den Pfosten auf diese Weise am Ende des Kantholzes fest.

Den neuen Zaunpfosten einsetzen

Graben Sie zunächst das Loch. Nach Möglichkeit sollten Sie vorher ein oder beide Enden des Zaunes abwinkeln, damit Sie mehr Platz zum Arbeiten haben.

1 Füllen Sie den unteren Teil des Lochs mit Schotter, Bruchstücken von Ziegeln oder kleinen Steinen bis in etwa 15 cm Tiefe auf.

2 Setzen Sie den Pfosten ein. Achten Sie darauf, daß er auf einer Ebene mit den nächsten Pfosten sitzt. Fügen Sie Schotter hinzu und verdichten Sie die Füllung. Anschließend wird das Loch mit Beton gefüllt.

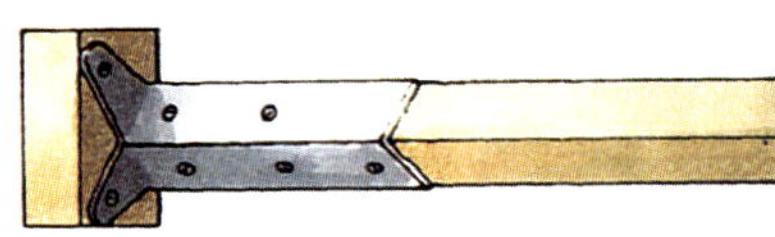

3 Nageln Sie den Zaun am Pfosten fest. Falls Sie beim Herausnehmen des Pfostens Querhölzer durchsägen mußten, werden diese nun mit speziellen Beschlägen wieder angebracht.

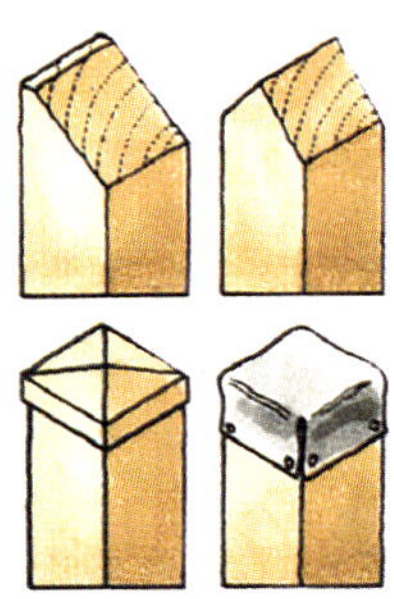

4 Am nächsten Tag wird der Pfosten gekürzt. Bei rechteckigen Pfosten kann abschliessend ein Beschlag oder ein Dekorornament angebracht werden.

Verwendung von Einschlag-Bodenhülsen

Falls Sie sich nicht die Mühe machen wollen, für einen Zaunpfosten ein Betonfundament zu setzen, können Sie Einschlag-Bodenhülsen verwenden, die direkt in den Boden getrieben werden.

1 Legen Sie ein kurzes Stück Hartholz in die Einschlag-Bodenhülse, damit diese beim Einschlagen nicht beschädigt wird. Treiben Sie sie mit dem Vorschlaghammer nur soweit in den Boden hinein, bis sie fest steht.

2 Kontrollieren Sie mit der Wasserwaage, ob die Hülse genau senkrecht in der Erde steckt. Richten Sie sie gegebenenfalls aus, bevor Sie sie mit dem Vorschlaghammer weiter in die Erde treiben, bis nur noch die Fassung hervorsteht.

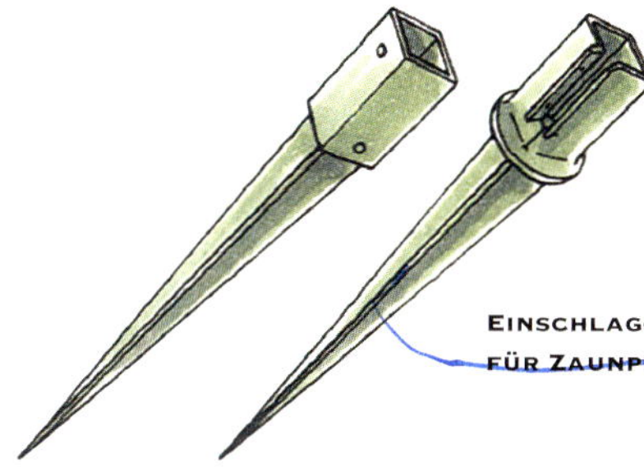

EINSCHLAG-BODENHÜLSE FÜR ZAUNPFOSTEN

3 Setzen Sie den neuen Pfosten in die Fassung und sichern Sie ihn mit Holzschrauben. Je nach Art der Hülse können Sie auch Bolzen und Muttern verwenden. Befestigen Sie den Zaun und sägen Sie den Pfosten in der gewünschten Höhe ab.

TIP

Einschlagen der Hülse in einen abgebrochenen Stumpf

Falls der alte Pfosten einbetoniert war und abgebrochen ist, können Sie eine kürzere Einschlag-Bodenhülse verwenden und diese direkt in den Holzstumpf hineinschlagen. Fahren Sie wie oben beschrieben fort.

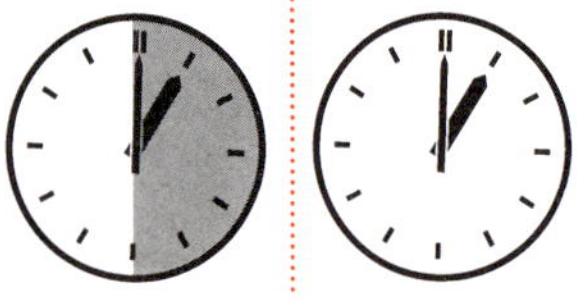

ZEIT: EIN VORMITTAG

BAU EINER FUTTERSTELLE FÜR VÖGEL

Eine umsichtig angelegte Futterstelle sorgt besonders in kargen Wintern dafür, daß Ihr Garten Besuch von zahlreichen Vögeln erhält. Grundsätzlich reicht es, einen flachen Trog an einem Baum aufzuhängen oder auf der Erde aufzustellen. Doch bereitet es kaum mehr Mühe, einen dekorativen Hängetrog zu bauen, der die Vögel mit Futter und Wasser versorgt. Der Rand des Troges ist mit einem geflochtenen Zaun versehen.

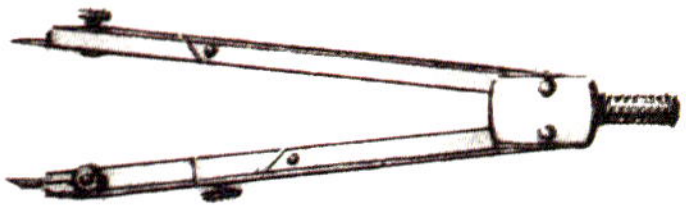

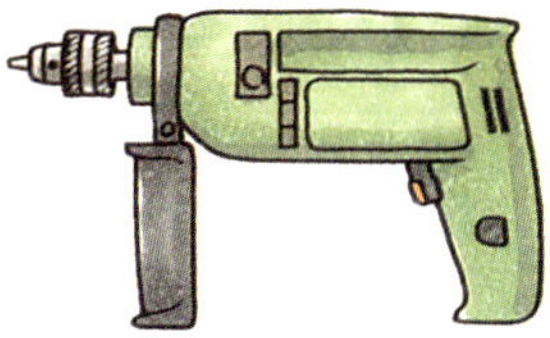

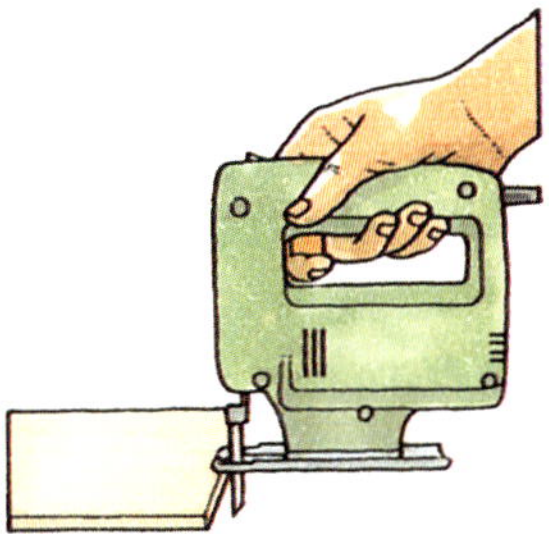

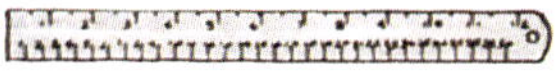

Erforderliches Werkzeug
- Zirkel
- Bohrmaschine u. Zubehör
- Stichsäge
- Lineal

TIP

Eine Futternetz sorgt für Stabilität

Mit einem Schraubhaken kann man an der Unterseite des Hängetrogs Meisenknödel oder ein Futternetz aufhängen, das den Trog durch sein Gewicht gegen Windstöße stabilisiert.

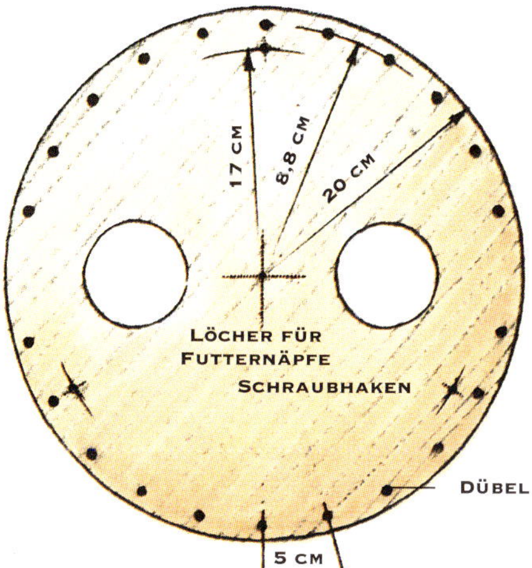

Aufteilung der Grundplatte
Sie benötigen eine quadratische Platte aus wetterfestem Sperrholz von 42,5 cm Seitenlänge und 12 mm Stärke. Ziehen Sie zwei Diagonalen, um den Mittelpunkt zu finden.

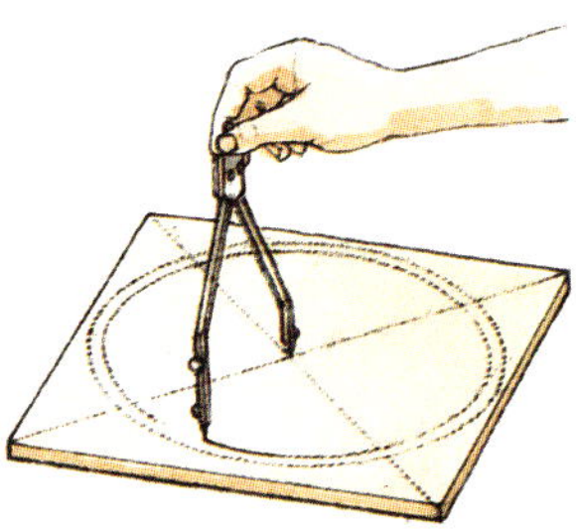

1 *Setzen Sie die Spitze des Zirkels am Mittelpunkt auf und reißen Sie einen Kreis mit einem Radius von 20 cm an, sowie einen Innenkreis mit einem Radius von 18,8 cm.*

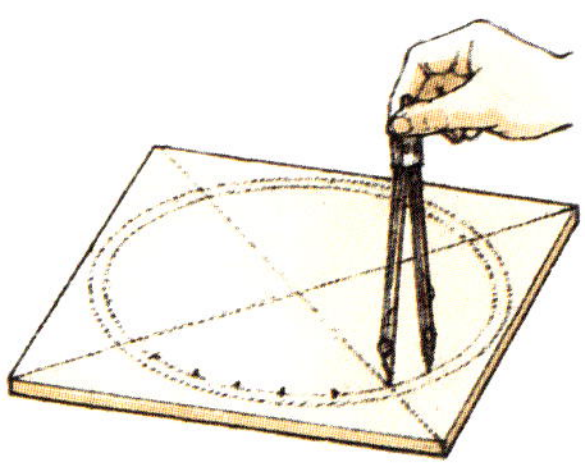

2 *Stellen Sie den Zirkel auf einen Radius von 5 cm ein. Ausgehend von einem beliebigen Schnittpunkt einer der beiden Diagonalen mit dem Innenkreis reißen Sie nun fünf Befestigungspunkte für den geflochtenen Zaun an. Führen Sie dies ebenso bei den anderen Schnittpunkten durch.*

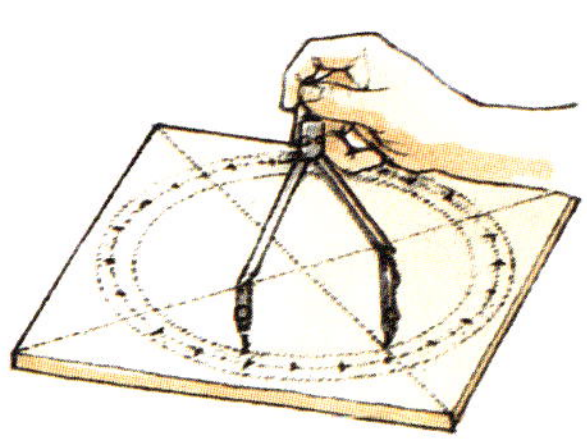

3 *Festlegen der drei Aufhängepunkte: Stellen Sie den Zirkel auf einen Radius von 17 cm ein und reißen Sie von einem der Kreuzungspunkte ausgehend auf dem Innenkreis sechs gleichmäßig verteilte Markierungen an.*

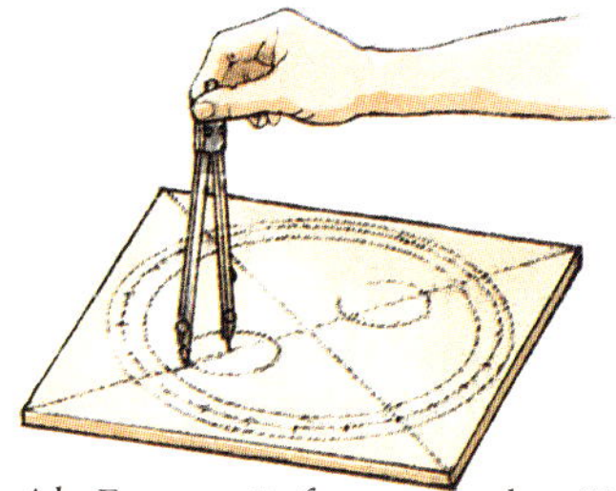

4 *Als Futternäpfe verwenden Sie am besten flache, runde Einwegverpackungen aus Kunststoff. In den Boden des Futternapfes sollten Sie einige Löcher zum Ablaufen des Regenwassers bohren. Zeichnen Sie nun die Öffnungen an, die später die Näpfchen aufnehmen sollen.*

AUSSÄGEN UND ZUSAMMENBAU DER FUTTERSTELLE

Schneiden Sie zunächst entlang des äußeren Kreises die Grundplatte aus. Glätten Sie den Rand anschließend mit Schmirgelpapier. Spannen Sie die Platte ein und sägen Sie die Löcher für die Näpfchen aus. Anschließend werden die 6-mm-Löcher für den Zaun gebohrt – am besten geht dies mit einer Standbohrmaschine, da die Löcher nur 9 mm tief sein sollten. Danach können Sie die Löcher für die Schraubhaken vorbohren und die Platte mit Schmirgelpapier für den Anstrich vorbereiten.
Für die Pfähle des geflochtenen Zauns verwenden sie 6-mm-Rundholz oder fertig geschnittene Holzdübel, die mit einem wasserfesten Holzleim in die Löcher eingesetzt werden.

Flechten des Zaunes
Verwenden Sie möglichst gerade Zweige (Haselnußstrauch oder Weide). Die Zweige werden mit wechselnder Richtung um die Dübel herumgeführt. Ein Tropfen Leim sorgt für besseren Halt.

Aufhängen der Futterstelle
Drehen Sie die Schraubhaken in die vorgebohrten Löcher ein. Der Trog wird an drei Ketten aufgehängt, die ruhig etwas länger sein können. Als Aufhängung dient ein größerer Schraubhaken. Setzen Sie die Näpfchen ein, bevor Sie den Trog genau waagerecht aufhängen.

Bau eines Nistkastens für Gartenvögel

Ein Nistkasten läßt sich an einem nahezu beliebigen Ort wie etwa einem Baum oder einer Wand anbringen und lädt kleine Vögel dazu ein, sich dauerhaft in Ihrem Garten anzusiedeln.

Zum Bau eines Nistkastens eignen sich Reste von Paneelbrettern oder Bodendielen aus Weichholz. Die Größe des Eingangslochs entscheidet, welche Vögel den Kasten nutzen. Bohren Sie ein 25-mm-Loch für Blaumeisen; bei größeren Vogelarten sind 32 mm erforderlich. Rotkehlchen benötigen einen noch größeren Eingang.

BEHANDELN SIE DAS HOLZ MIT ACRYLAUSSENLACK. LASSEN SIE DEN LACK GUT DURCHTROCKNEN UND HÄNGEN SIE DEN KASTEN MINDESTENS 2,5 M ÜBER DEM BODEN AUF.

ZEIT: EIN VORMITTAG

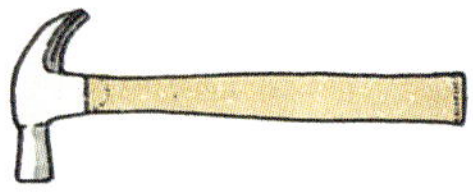

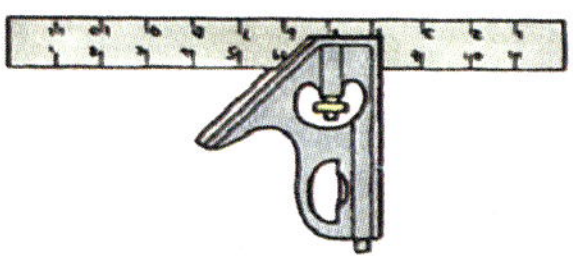

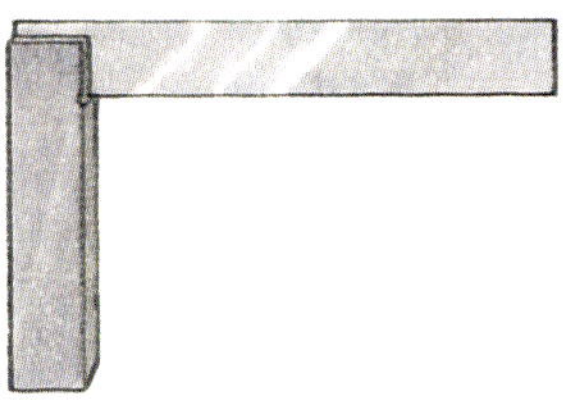

Erforderliches Werkzeug

- Hammer
- Verstellbarer Winkel
- Fuchsschwanz
- Bohrmaschine und Zubehör
- Schraubendreher
- Leichtmetallwinkel

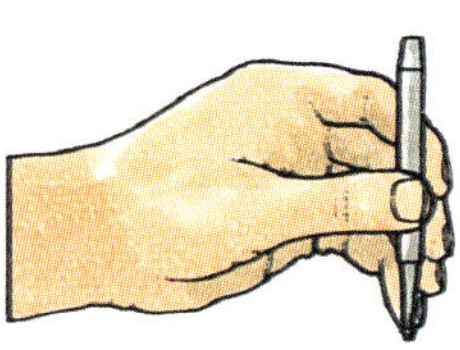

WIE MAN NÄGEL EINSENKT

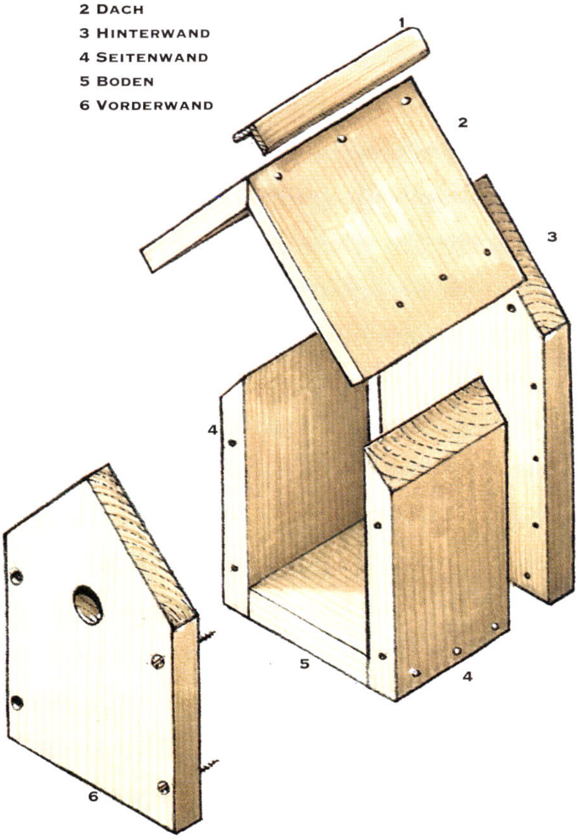

Zusammenbau der Teile

Fügen Sie die auf Gehrung geschnittenen Teile des Dachs mit verzinkten Nägeln zusammen. Schließen Sie die Dachkante mit einem Kantprofil ab.
Nageln Sie die Seitenteile stumpf an die Bodenplatte und befestigen Sie anschliessend die Hinterwand am Boden und an den Seitenwänden.
Die Vorderwand wird mit versenkten Messingschrauben befestigt, damit Sie den Kasten außerhalb der Nistzeiten reinigen können.
Nageln Sie das Dach fest, bevor Sie die Vorderwand festschrauben. So können Sie durch einige von innen eingeschlagene Nägel für zusätzlichen Halt des Daches sorgen.

Aussägen der Brettchen

1 *Schneiden Sie zunächst ein 26 cm langes Stück einer Bodendiele oder eines Paneelbretts zurecht und trennen Sie es genau in der Mitte mit einem 45-Grad-Gehrungsschnitt in zwei gleich lange Teile. So erhalten Sie mit einem einzigen Schnitt die beiden Dachteile.*

2 *Schneiden Sie ein Brett von 38,4 cm Länge zurecht und trennen Sie mit einem Längsschnitt einen 10 cm breiten Streifen ab. Für den Boden des Nistkastens trennen Sie von diesem Streifen ein ebenfalls 10 cm breites Stück ab.*

3 *Die Seitenwände erhalten Sie, indem Sie den Rest des Streifens mit einem 45-Grad-Schnitt in zwei gleiche Stücke teilen.*

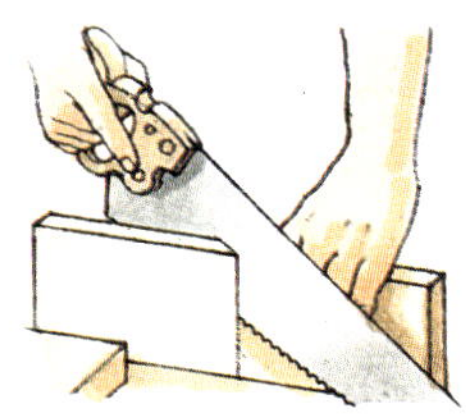

4 *Für die Hinterwand benötigen Sie einen Abschnitt von 26 cm Länge. Markieren Sie die Mitte und sägen Sie die oberen Ecken im Winkel von 45 Grad ab. Bohren Sie etwa 9 cm unter der Spitze ein Loch zur Befestigung.*

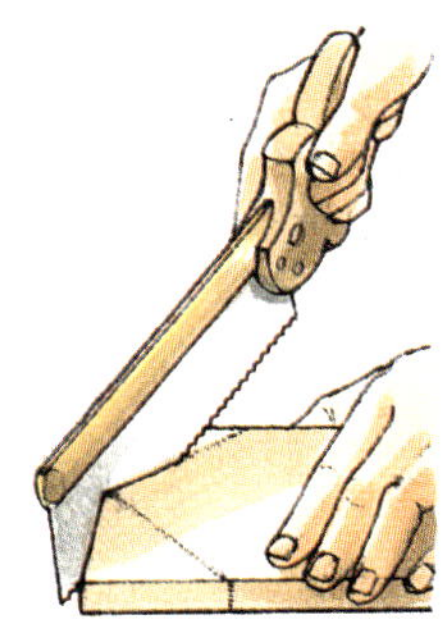

5 *Die Vorderwand wird genauso hergestellt, nur beträgt die Länge des Brettchens 20 cm. Bohren Sie etwa 8 cm von der Spitze entfernt das Eingangsloch.*

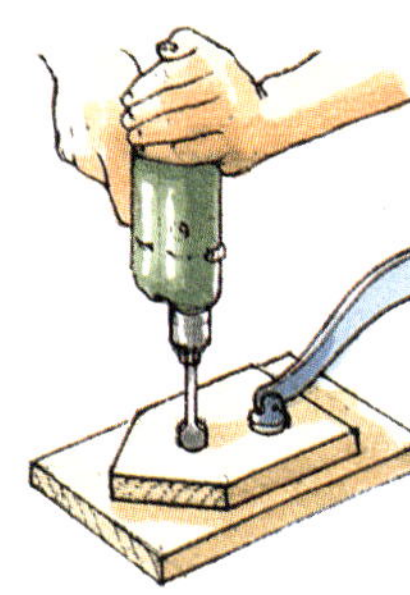

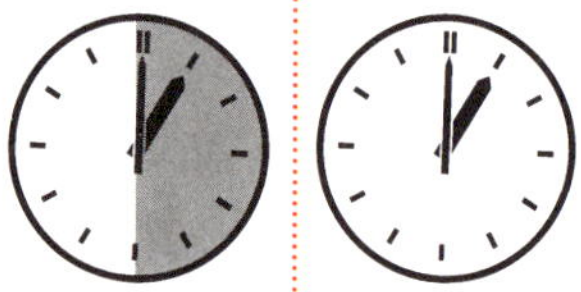

ZEIT: EIN VORMITTAG

BLUMEN- UND PFLANZKÄSTEN AUS HOLZ BAUEN

Ein Blumenkasten stellt die ideale Lösung für Menschen dar, die keinen Garten haben und trotzdem Pflanzen kultivieren wollen. In älteren Häusern mit eingelassenen Fenstern können die Kästen direkt auf dem Fenstersims untergebracht werden. Falls die Fenster Ihres Hauses jedoch mehr oder weniger glatt an der Wand liegen, müssen Metallträger angebracht werden.

Pflanzkübel sind dekorative Gestaltungselemente für eine Terrasse oder einen Balkon. Dabei kann der Kübel entweder als Ummantelung für einen Blumentopf dienen oder auch innen wasserdicht gemacht werden, so daß man ihn direkt bepflanzen kann.

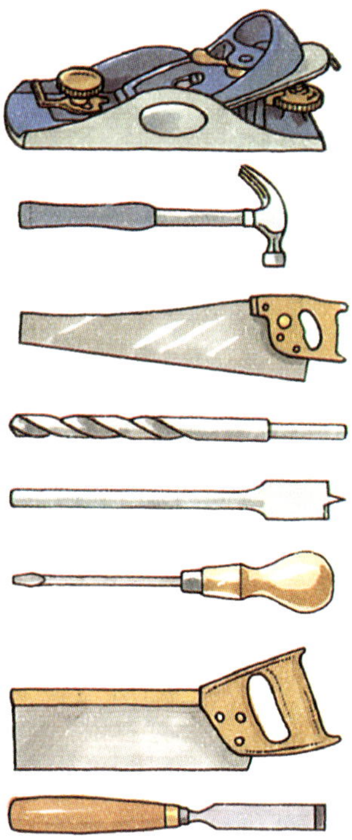

Erforderliches Werkzeug

- Hobel
- Schraubzwingen
- Hammer
- Säge bzw. Fuchsschwanz
- Steinbohrer
- Senkstift
- Pinsel
- Bohrmaschine
- Schraubendreher
- Holzfräser
- Bandmaß
- Handsäge
- Leichtmetallwinkel
- Holzbohrer
- Stecheisen

Bau eines Blumen-kastens

Dieser einfache Blumenkasten wird aus Weichholzbrettern von 15 cm Breite und 2,5 cm Stärke gebaut. Messen Sie die Breite des Fensters, vor dem der Blumenkasten aufgestellt werden soll. Wenn er auf Trägern montiert werden muß, ist die Breite des Simses maßgeblich. Schneiden Sie drei Bretter zurecht, die etwas kürzer sind als dieses Maß und fertigen Sie zwei Endstücke mit entsprechenden Abmessungen an.

Dekors für die Sichtseite
Es bietet sich an, die Vorderseite mit einem Dekor wie dem hier gezeigten Kleeblatt zu verzieren. Zeichnen Sie dazu zunächst im Abstand von 15 cm eine Reihe von gleichschenkligen Dreiecken mit 2,5 cm Kantenlänge an. Setzen Sie den Fräsbohrer jeweils an den Eckpunkten des Dreiecks an, um die drei Löcher auszufräsen, die das Kleeblatt ergeben. Benutzen Sie ein Stecheisen, um die verbleibenden Randstücke zu entfernen.

Befestigung des Blumenkastens
Um den Kasten an der Wand festzuschrauben, sollten Sie möglichst solide Metallträger verwenden.

1 Hinterwand
2 Vorderwand
3 Boden
4 Seitenwand
5 Kantenverstärkung
6 Holzstützen

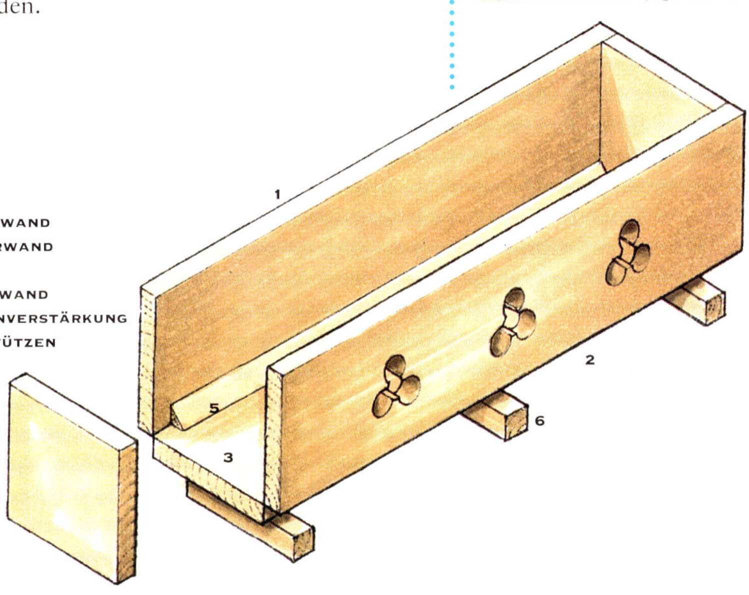

Zusammenbau des Blumenkastens

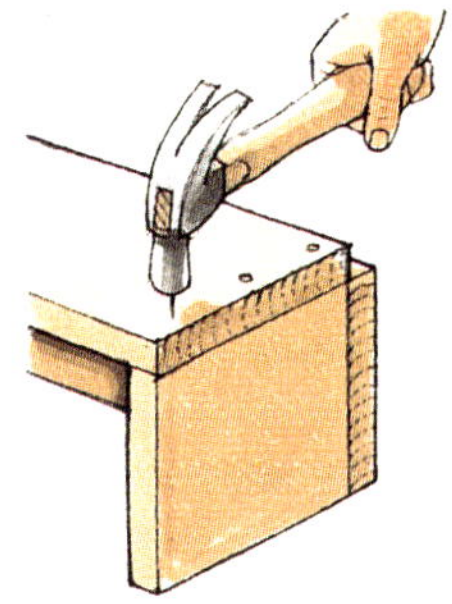

1 Befestigen Sie den Boden sowie die Vor- und Hinterwand mit Holzleim und Nägeln an den Seitenwänden. Kleben und nageln Sie anschließend Dreiecksleisten zur Kantenverstärkung an die Längskanten des Kastens.

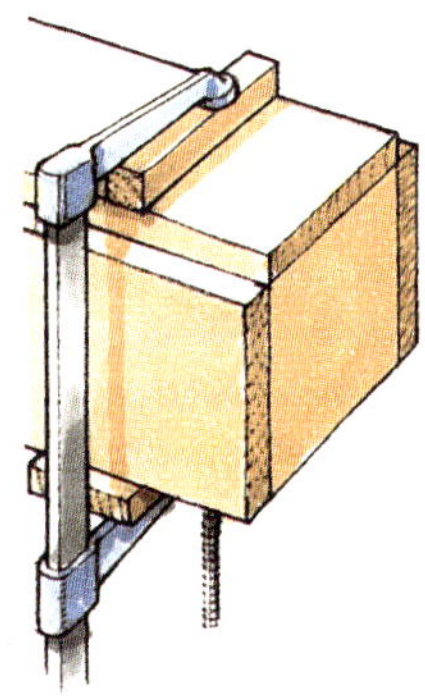

2 Schneiden Sie die drei Holzstützen aus Weichholz von 2,5 cm Kantenlänge auf die Länge des Bodens zurecht. Verleimen Sie die Stützen mit der Bodenplatte.

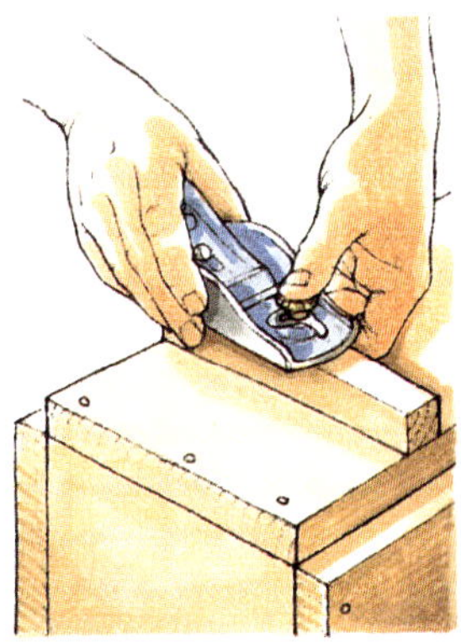

3 Hobeln Sie die Stützen so zurecht, daß sie die Neigung des Fenstersimses ausgleichen. Füllen Sie sämtliche Nagellöcher mit Holzkitt und streichen Sie den Kasten mit einem wetterfesten Klarlack. Wenn der Lack gut durchgetrocknet ist, legen Sie den Kasten mit Mulchfolie aus. Stellen Sie den Kasten auf den Fenstersims und sichern Sie ihn mit Draht und Schraubhaken am Fensterrahmen.

Siehe auch:
Holzschutzmittel, Seite 35

Bau eines Pflanzkübels

Schneiden Sie 24 Stücke von gleicher Länge aus Kanthölzern von 5 cm mal 2,5 cm Kantenlänge zurecht. Bohren Sie an einem Ende jedes Brettes mittig und 1,2 cm vom Rand ein Durchführungsloch für eine Holzschraube.

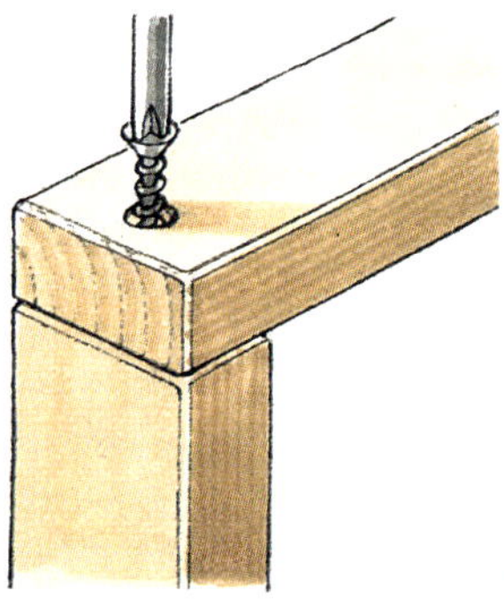

1 Bauen Sie sechs gleiche Rahmen aus jeweils vier der Bretter auf, die Sie stumpf mit einer Holzschraube am Ende verbinden. Achten Sie darauf, daß die Rahmen winklig sind.

2 Leimen Sie die Rahmen aufeinander, wobei sich die Ausrichtung der Verbindungsstellen jeweils abwechseln sollte, um den dekorativen Effekt des hier gezeigten Beispiels zu erzielen.

3 Sägen Sie vier quadratische Standfüße von 7,5 cm Kantenlänge aus 2,5 cm dickem Holz zurecht und glätten Sie die Schnittkanten. Schrauben und leimen Sie die Füße so an die Ecken des Rahmens, daß sie etwas mehr als 1 cm hervorstehen.

Siehe auch:
Holzschutzlacke, Seite 35

4 Schneiden Sie die Bodenplatte aus wetterfestem Sperrholz so zurecht, daß sie auf den Füßen aufliegt. Zur Lackierung des Kübels können Sie klare, wetterfeste Lasuren oder Farblacke verwenden.

GERÄTEHALTER BAUEN

Wenn Sie nicht sehr viel Disziplin aufwenden, wird Ihre Garage oder Ihr Keller bald schon mit Gartenwerkzeugen zugestopft sein. Doch mit ein wenig Planung und einigen selbstgemachten Gerätehaltern können Sie Ihre Werkzeuge so aufbewahren, daß sie leicht zu finden sind, ohne viel Raum einzunehmen. Die hier vorgestellten Projekte sollten nicht mehr als einen halben Tag Zeit kosten.

WOHIN MIT DER LEITER?

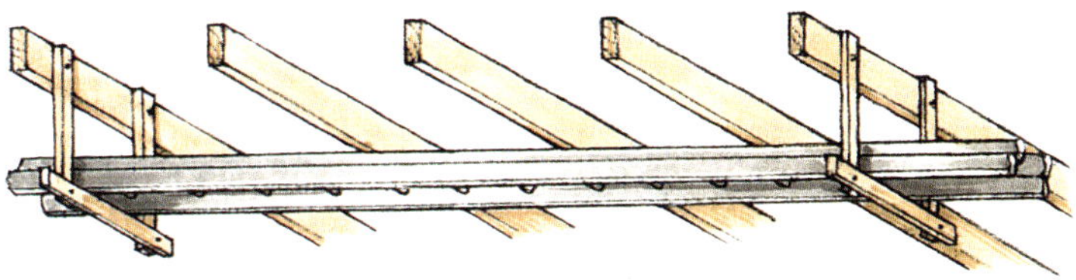

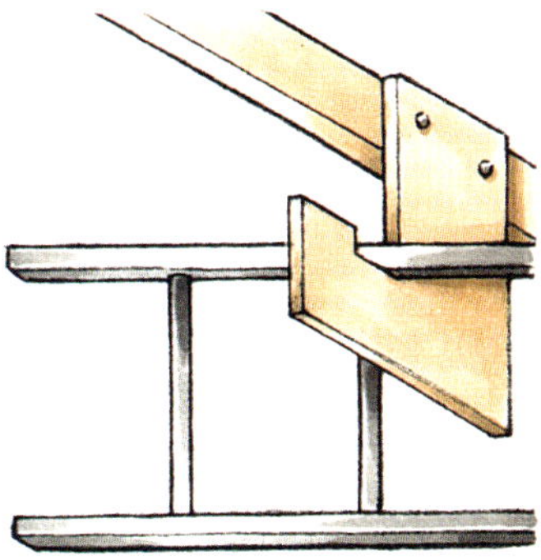

HOLZTRÄGER FÜR LEITERN

Ausziehleitern
Lange Ausziehleitern, die hauptsächlich für Außenarbeiten am Haus verwendet werden, kann man am Schienensystem des Garagentores befestigten bzw. an Holzträgern hängend oder liegend aufbewahren. Man kann zu diesem Zweck auch Metall- oder Holzträger an einer der Längswände der Garage anbringen.

Aufhängen von Trittleitern
Trittleitern, wie man Sie beim Trimmen der Bäume oder bei der Obsternte benutzt, können senkrecht an einem Metallwinkel an der Wand aufgehängt werden.

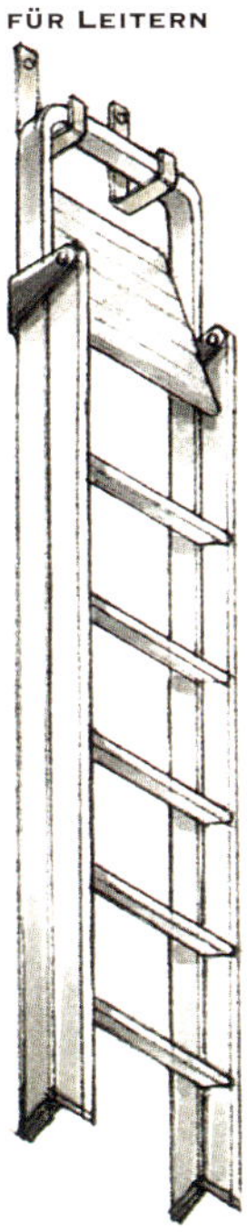

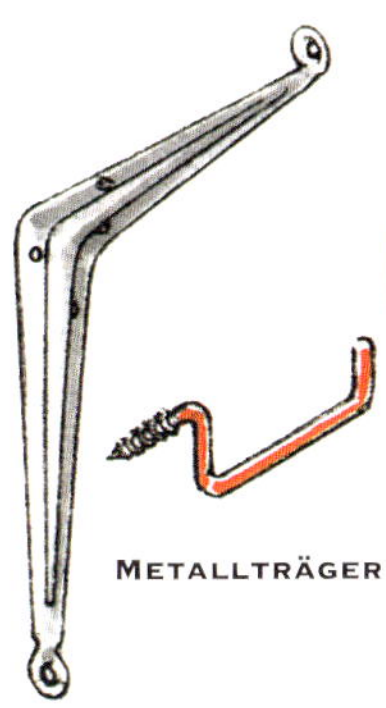

METALLTRÄGER

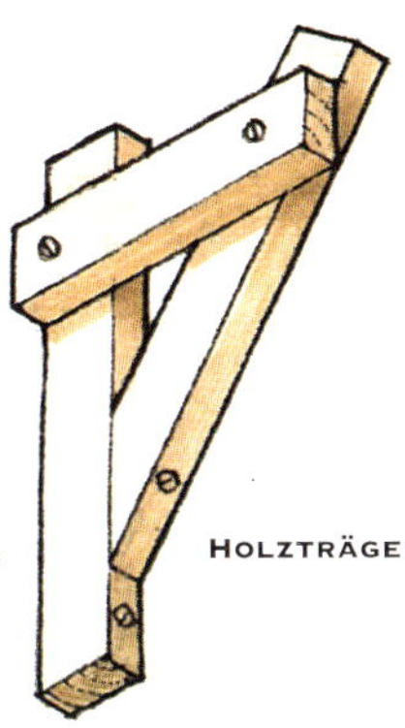

HOLZTRÄGER

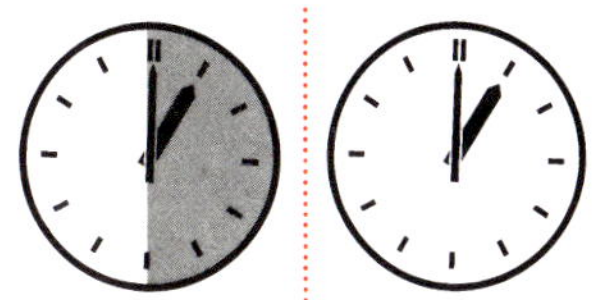

ZEIT: EIN VORMITTAG

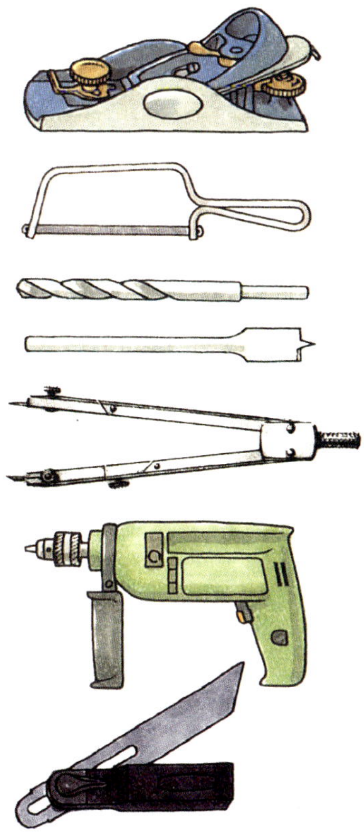

Erforderliches Werkzeug
- Hobel
- Metallsäge
- Steinbohrer
- Zirkel
- Fuchsschwanz
- Bohrmaschine und Zubehör
- Schraubendreher
- Kantenlehre
- Fräsbohrer
- Pucksäge
- Holz- und Metallfeile
- Stecheisen

Siehe auch:
Ein Fundament für eine Gartengerätehaus errichten, Seite 110

Hängeleiste für Gartenwerkzeuge
Eine einfache Dachlatte mit einer Reihe von 12 mm starken Dübeln eignet sich für die Aufbewahrung vieler Gartenwerkzeuge. An einer solchen Leiste kann man Spaten, Rechen, Harken und Besen aufbewahren, indem man sie über jeweils zwei Dübel hängt. Andere Gartenwerkzeuge können mit Schraubösen oder Schnüren an einem Dübel aufgehängt werden und auf ähnliche Weise bringt man auch Arbeitskleidung unter.

Haken und Ösen
Kleine Gartenwerkzeuge mit Holzgriffen kann man mit Schraubösen versehen und an einem Brett unterbringen, das mit einer Reihe von Haken versehen ist und in bequemer Höhe an die Wand der Garage oder des Kellers geschraubt wird.

AUFBEWAHREN EINER SCHUBKARRE

Eine Schubkarre bewahrt man am platzsparendsten auf, wenn man sie senkrecht an eine Wand stellt. Wenn sie im Freien stehen muß, hat dies auch den Vorteil, daß sich kein Regenwasser darin sammeln kann. Schrauben Sie ein abgeschrägtes Kantholz ungefähr 30 cm über dem Boden an die Wand, um das vordere Ende der Karre abzustützen. Ein zweites Kantholz wird oben zwischen den Griffen befestigt. Zwei drehbar mit Schrauben befestigte Hölzchen sorgen dafür, daß die Karre sicher an der Wand stehenbleibt.

WOHIN MIT DEM RASENMÄHER?

Kleinere Rasenmäher mit klappbarem Griff kann man an die Wand hängen, wobei das Aufhängen und Herabnehmen aber schnell zum Kraftakt wird.
Einfacher ist es, wenn man sich die Mühe macht, einen mittels eines Seilzuges betätigten Schwenkrahmen zu bauen, der den Mäher anhebt und gegen die Wand drückt. Der Rahmen sollte schmaler sein als der Abstand zwischen den Griffen des Mähers.

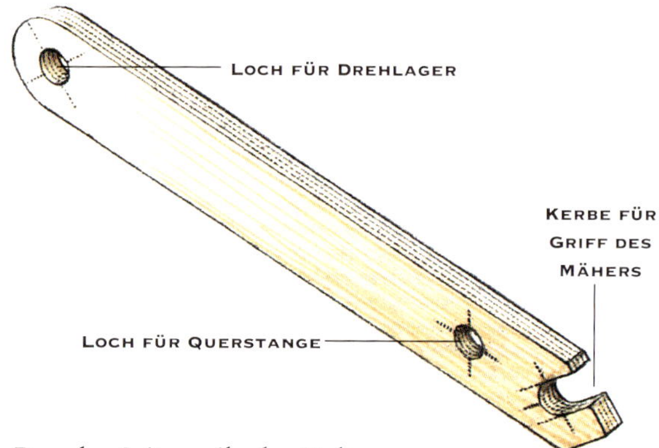

Bau der Seitenteile des Rahmens
Sie benötigen zwei Sperrholzplatten von 1,8 cm Stärke mit den Abmessungen 60 x 6 cm. Tragen Sie zunächst bei beiden Platten mit dem Bleistift zwei von den Ecken ausgehende Linien im Winkel von 45 Grad auf, um das Zentrum für das 25-mm-Drehlager festzulegen. Mit einem Zirkel reißen Sie nun von diesem Zentrum aus einen Halbkreis für die Abrundung an den Ecken an. Am anderen Ende wird 12 cm vom Rand eine Querstange aus Metallrohr mit einem Durchmesser von 2,5 cm angebracht. Direkt am Ende wird eine im Winkel von 45 Grad sitzende Kerbe angebracht, die später die Griffe des Rasenmähers aufnimmt. Bohren Sie die Löcher für die Rohre und sägen Sie die Kanten entsprechend zurecht.

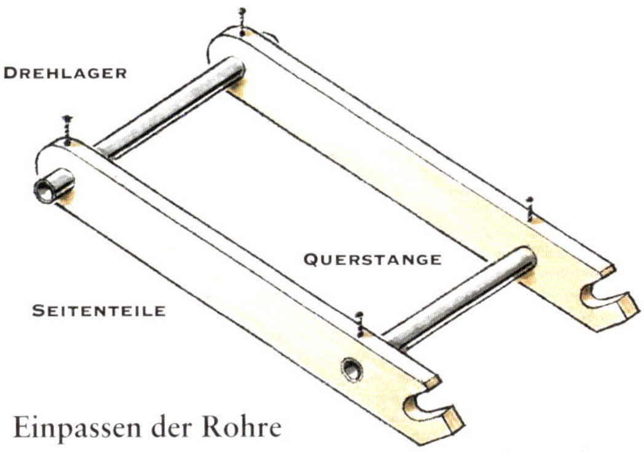

Einpassen der Rohre

Kürzen Sie die Querstange auf das erforderliche Maß; das als Drehlager benutzte Rohr sollte 5 cm länger sein. Beide Rohre werden mit Zweikomponentenklebstoff in den Löchern befestigt. Die Querstange sollte dabei glatt mit den Außenflächen der Seitenteile abschließen, das als Drehlager verwendete Rohr dagegen an jeder Seite um 2,5 cm überstehen. Die Verbindung wird durch selbstschneidende Blechschrauben verstärkt, die an allen vier Durchführungen seitlich in die Rohre eingreifen.

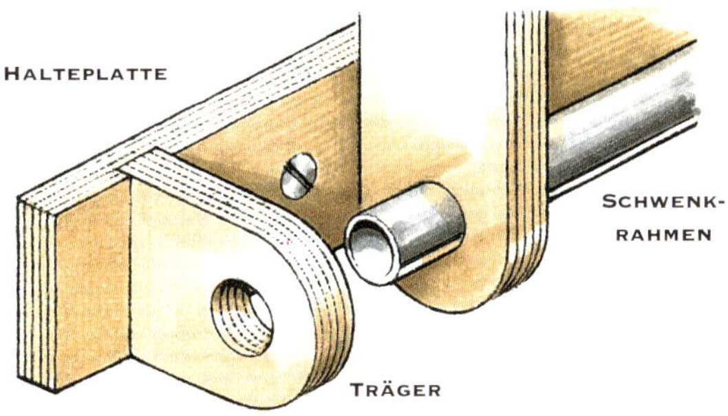

Bau der Wandhalterung

Die Halterung wird aus 7,5 cm breiten Sperrholzabschnitten von 18 mm Stärke angefertigt. Sie muß der Breite des Schwenkrahmens angepaßt werden. Die Träger werden auf gleiche Weise angefertigt wie die Verrundung und Bohrung an den Seitenteilen.
Die Träger werden in eine 6 mm tiefe Einfräsung auf der Hinterplatte eingelassen. Verwenden Sie Leim und Schrauben, um die Träger an der Hinterplatte zu befestigen. Sobald der Leim durchgetrocknet ist, können Sie die Wandhalterung mit Dübeln und Schrauben an der Wand befestigen. Achten Sie darauf, daß die Halterung hoch genug angebracht ist, damit der Mäher frei abgeschwenkt werden kann.

Bau des Seilzuges

Befestigen Sie die Umlenkrolle so an der Wand, daß sie knapp über dem hochgeklappten Schwenkrahmen sitzt. Binden Sie das Zugseil an die Querstange und führen Sie es über das Laufrad zum darunter an der Wand befestigten Wickel.

Gebrauch des Schwenkrahmens

Lösen Sie das Seil am Wickel, um den Schwenkrahmen herunterzulassen. Hängen Sie die Griffstange des Mähers in die Kerben am Ende des Rahmens ein. Ziehen Sie den Rahmen nun über das Seil hoch, bis der Mäher parallel zur Wand hängt. Schlingen Sie das Seil um den Wickel, um den Rahmen mit dem Mäher vor dem Herunterkippen zu sichern.

Lee

3

PROJEKTE „FÜR EINEN TAG“

ZEIT: EIN TAG

Bau einer Kompostkiste

Fertige Kompostmischungen werden in unterschiedlichen Zusammensetzungen für die Kultivierung von Pflanzen angeboten.
Tatsächlich tragen sowohl fertig gekaufter wie auch selbst angelegter, gut verrotteter Kompost erheblich zur Bodenqualität bei. Neben der Nützlichkeit für den Garten bietet ein Komposthaufen auch den Vorteil, daß man auf diese Weise umweltschonend Garten- und Küchenabfälle beseitigen kann.
Kompost kann aus allen weniger festen Pflanzenteilen hergestellt werden, also Blättern, Rasenschnitt, welken Schnittblumen und organischem Küchenabfall wie Obst- und Gemüseschalen. Ungeeignet sind neben Ästen und Wurzeln auch zähe Strünke wie z.B. die von Kohl, wenn man sie nicht vorher schreddert. Kranke oder von Insekten befallene Pflanzenteile sowie winterbeständiges Unkraut gehören dagegen nicht auf den Kompost.

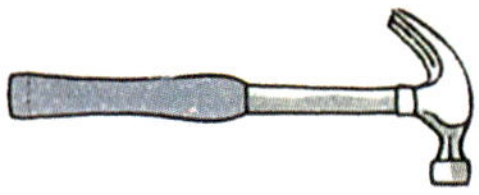

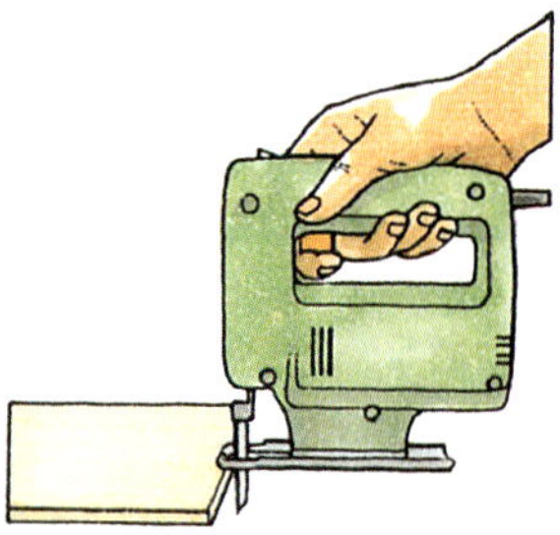

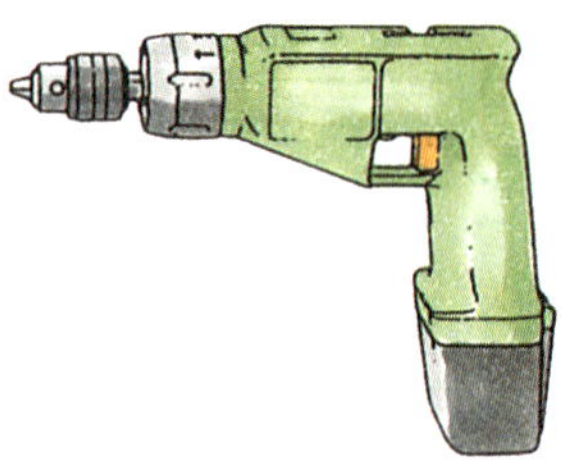

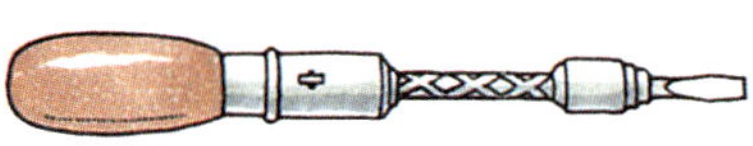

Erforderliches Werkzeug:

- Hammer
- Stichsäge
- Holzhammer
- Handsäge
- Bohrmaschine u. Zubehör
- Schraubendreher
- Fuchsschwanz

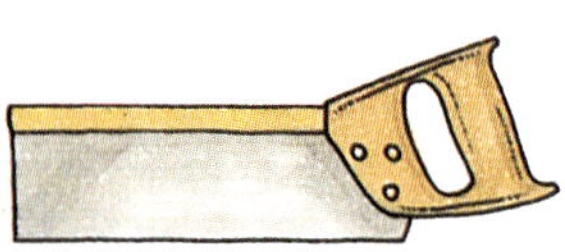

Anlegen eines Komposthaufens
Als Ansatz sollten Sie Pflanzenreste aus dem Garten oder pflanzliche Küchenabfälle verwenden.

Siehe auch:
Holzschutzmittel, Seite 35

Konstruktion eines Komposters

Ein guter Komposter sollte seinen nicht allzu ansehlichen Inhalt ausreichend verbergen und leicht zu befüllen sein; außerdem sollte man die unten liegenden Kompostschichten problemlos herausnehmen können. Wichtig ist jedoch auch, daß der Behälter den thermischen Prozeß der Kompostierung fördert und so eine schnelle Verrottung des Materials bewirkt.

Idealerweise legt man gleich zwei Behälter an – so kann man im Wechsel einen Behälter auffüllen, während man dem anderen bereits Kompost entnimmt.
Sehr nützlich ist ein würfelförmiger Behälter mit einer Kantenlänge von 1 Meter – wenn Sie den Kompost im Wechsel umschichten wollen, bauen Sie einfach zwei gleiche Behälter.

Doppel-Komposter
1 Deckel
2 Seitenteile (aus Dielenbrettern)
3 Belüftung
4 hintere Stützpfosten
5 Führung für Vorderwand
6 herausnehmbare Vorderwand

Bau eines Einzelbehälters

Vorderwand, Rückwand und Seitenteile werden aus Bodendielen (15 x 2,5 cm) hergestellt, wobei auch Reste oder gebrauchte Bretter verwendet werden können. Schneiden Sie genügend Bretter zurecht, um einen Behälter von einem Meter Höhe bauen zu können.

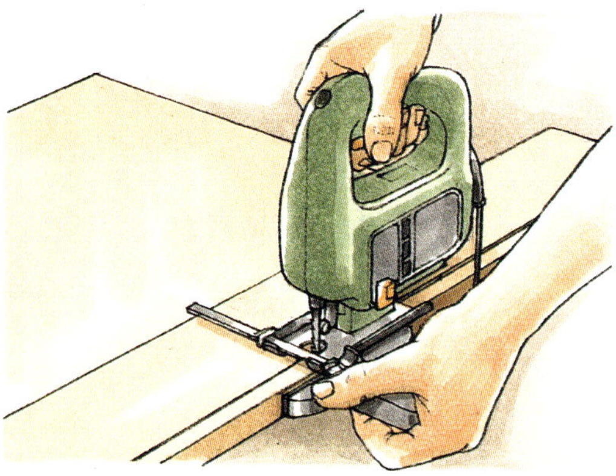

1 Bei den untersten beiden Brettern der beiden Seitenwände und der Rückwand wird etwa 15 cm von den Enden entfernt ein 1,2 cm hoher Ausschnitt angefertigt, der später eine Öffnung von rund 2,5 cm Höhe ergibt, die für die Ventilation sorgt.

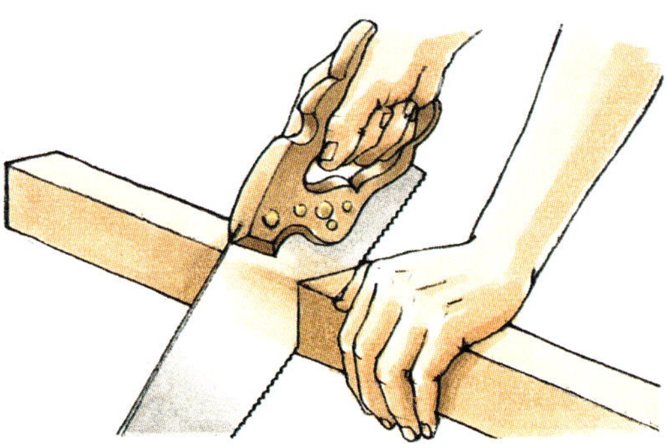

2 Sägen Sie zwei Hinterpfosten aus einem Kantholz (5 x 5 cm) entsprechend der Höhe des Behälters zurecht. Die Führungen der herausnehmbaren Vorderwand weisen dieselbe Länge auf, werden aber aus Brettern von 5 x 2,5 cm Kantenlänge angefertigt. Behandeln Sie alle Teile mit einem Holzschutzmittel.

Zusammenbau der Teile

Zuerst werden die Seitenteile angefertigt.

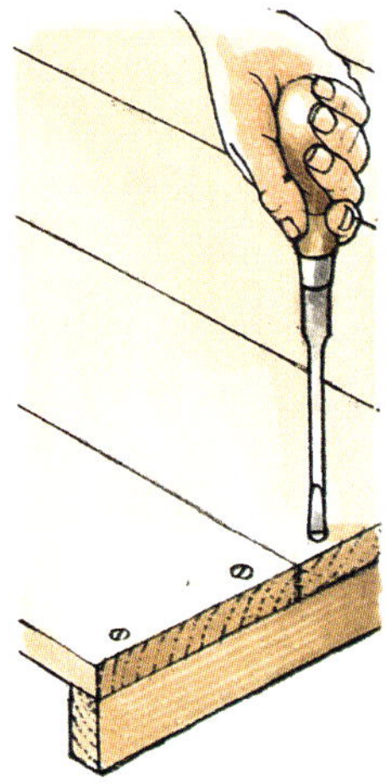

1 Schrauben Sie die Bretter stumpf an einen der Hinterpfosten und die vordere Führungsleiste für die Vorderwand.

2 Bringen Sie nun die hintere Führungsleiste an. Der Abstand zur vorderen Führungsleiste sollte etwas größer sein als die Dicke der Vorderwand. So erhalten Sie eine Führung, bei der sich die Vorderwand mühelos herausziehen und wieder einsetzen läßt. Die andere Seitenwand muß spiegelbildlich aufgebaut werden.

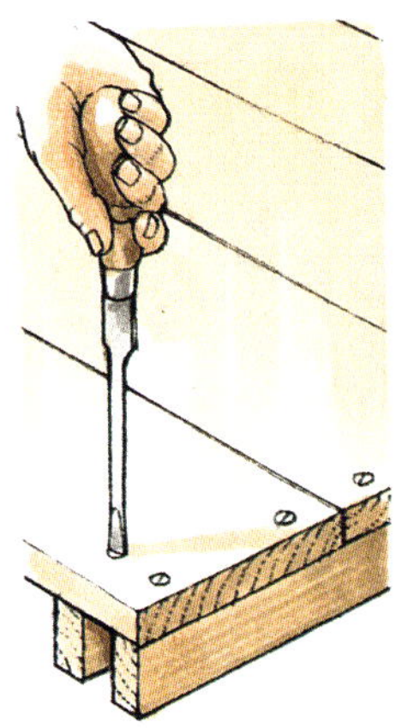

3 Schrauben Sie die Bretter der Hinterwand an der innenliegenden Fläche des Hinterpfostens fest. Setzten Sie den so entstandenen Rahmen auf den vorgesehenen Platz und richten Sie ihn aus. Treiben Sie mit dem Holzhammer vorbehandelte Pfosten (5 x 5 cm) an den Innenkanten des Kastens in den Boden und schrauben Sie die Seitenbretter an den Pfosten fest. Legen Sie die Bretter der Vorderwand in die Führungen ein.

Erweiterung zum Doppel-Komposter

Wenn Sie einen Doppel-Komposter aufbauen wollen, dann benötigen Sie neben der Hinter- und Vorderwand nur eine zusätzliche Seitenwand. Schneiden Sie eine ausreichende Anzahl von Brettern zurecht und bringen Sie an der Außenkante des bestehenden Behälters einen zusätzlichen Hinterpfosten an.

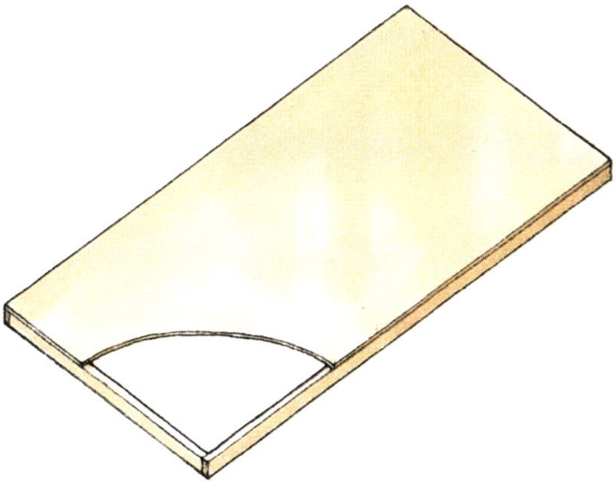

Konstruktion des Deckels

Kompostbehälter sollten unbedingt mit einem Deckel ausgestattet sein, da ansonsten der thermische Prozeß im Inneren des Behälters beeinträchtigt wird und außerdem wertvolle Nährstoffe durch Regenwasser hinweggeschwemmt werden.

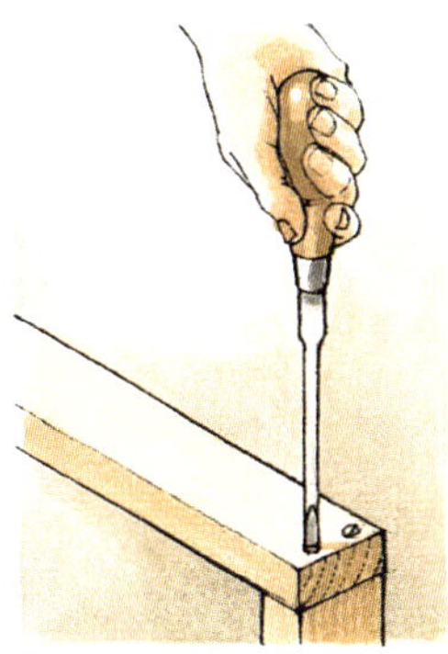

1 *Fertigen Sie aus Weichholzleisten (5 x 2,5 cm) einen Rahmen an, der etwas größer ist als der Aussenrand des Behälters.*

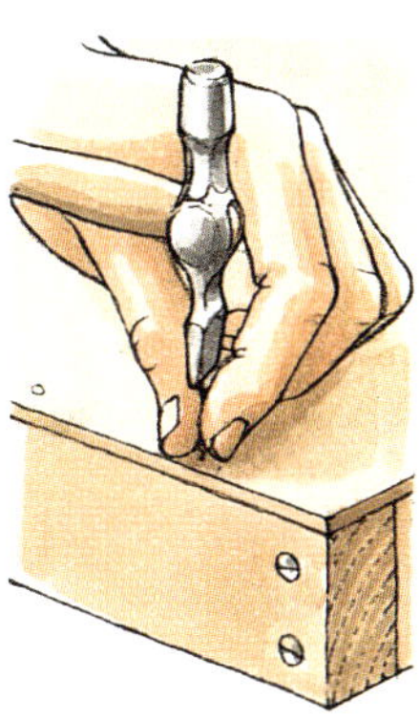

2 *Schneiden Sie eine Platte aus wetterfestem Sperrholz so zurecht, daß sie bündig mit dem Rahmen abschließt. Verwenden Sie rostfreie Nägel und Leim zur Befestigung der Platte auf dem Rahmen. Anschließend sollte der Deckel mit Teerpappe bezogen werden.*

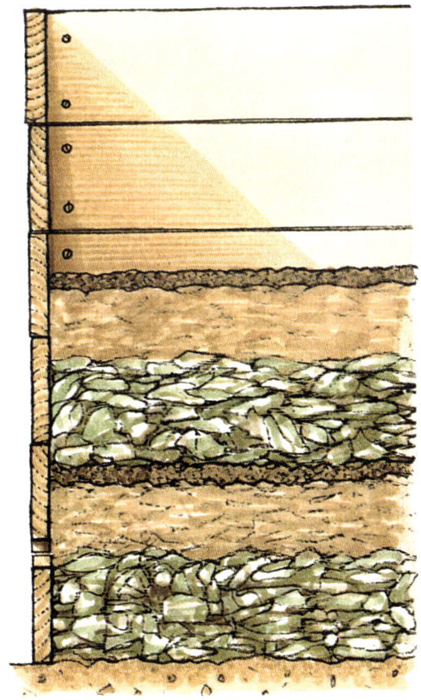

TIP

Anlegen des Kompostes

Der Behälter wird zuunterst mit einer etwa 15 cm hohen Schicht aus gut vermischten Gartenabfällen gefüllt. Besprenkeln Sie diese Schicht mit Wasser. Dann folgt eine Schicht aus bereits kompostiertem Material oder ein Kompostbeschleuniger aus dem Gartencenter. Solche Beschleuniger sind als Granulat oder Flüssigkeit erhältlich und sollten nach Anleitung des Herstellers verwendet werden. Oft wird empfohlen, darauf eine etwa 1 cm hohe Schicht Erde anzulegen, einerseits als Wärmedämmung, anderseits um den Kompost mit Mikroorganismen und Nährstoffen zu versorgen. Wenn Sie jedoch einen Beschleuniger verwenden, ist die Zugabe von Erde nicht unbedingt notwendig.
Füllen Sie nun eine weitere Schicht aus kompostierbarem Material darauf und fahren Sie weiter in dieser Weise fort, bis der Behälter gefüllt ist. Nach ungefähr 4 bis 6 Wochen sollten Sie den Kompost mit der Mistgabel umschichten. Etwa drei Monate später ist der Kompostierungsvorgang beendet.

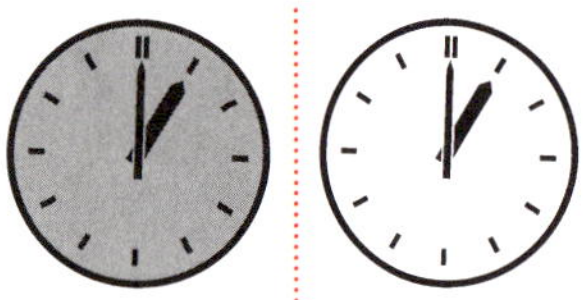

Zeit: ein Tag

Einbau eines Gartentores

Obwohl ein solides Tor viele Jahre hält, wird man damit rechnen müssen, daß es eines Tages rostet bzw. verrottet ist. Wenn Sie das Tor ersetzen müssen, sollten Sie zunächst im Handel nachfragen, ob das Originaltor noch lieferbar ist. Es erspart viel Arbeit, wenn man das alte Tor einfach gegen ein baugleiches neues austauschen kann.

Mit ein wenig Glück finden Sie vielleicht ein Tor, das von den Abmessungen paßt. Wenn ein Holztor etwas zu breit ist, kann man es oft mit dem Hobel einpassen, während sich ein zu schmales Tor durch Anschrauben einer Leiste passend machen läßt – obwohl dies sicher nicht die ansprechendste Lösung darstellt.

Natürlich kann man sich ein Tor auch nach Maß fertigen lassen – was allerdings recht kostspielig sein kann. In diesem Fall empfiehlt es sich eher, die Pfosten neu zusetzen und den Zaun an ein fertiges Ersatztor anzupassen.

Das Anbringen eines Gartentors beansprucht selten mehr als einen Tag. Wenn die Pfosten jedoch in ein Betonfundament gesetzt werden müssen, sollen Sie für diese Arbeit ein komplettes Wochenende reservieren.

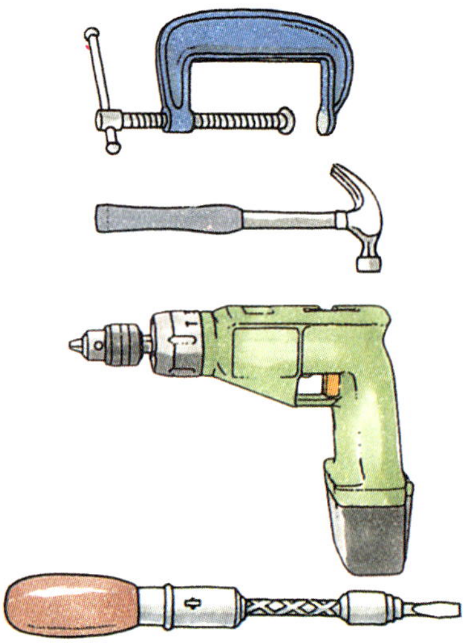

Erforderliches Werkzeug

- Schraubzwinge
- Hammer
- Bohrmaschine u. Zubehör
- Schraubendreher
- Spaten
- Wasserwaage
- Maurerkelle

Oben: Doppeltor für PKW-Zufahrten

Mitte: Tor aus Schmiedeeisen

Rechts: Kleines Holztor

Auswahl eines neuen Tores

Es gibt mehrere Punkte, die man bei der Auswahl eines Tores beachten sollte. Einer der wichtigsten ist der Preis, zumal Gartentore ohnehin verhältnismässig teuer erscheinen. Trotzdem sollte man ein Tor nicht nur deshalb kaufen, weil es ein paar Mark billiger ist als ein anderes. Grundsätzlich sollte ein Tor möglichst stabil konstruiert sein. Dasselbe gilt auch für die Pfosten, an denen das Tor verankert ist.

Eingangstore

Bei einem Eingangstor sollte nicht nur das Design, sondern auch die Funktionalität im Vordergrund stehen. Da es sehr häufig geöffnet wird, sollte man eine möglichst stabile Konstruktion wählen, die beispielsweise mit einer zusätzlichen Querstrebe verstärkt ist, die durchgehend von der Oberkante der Schließseite bis zur Unterkante der Aufhängungsseite verläuft. Falls die Strebe umgekehrt verläuft, ist sie weitgehend nutzlos, da die größte mechanische Belastung im Bereich des Schlosses auftritt. Die meisten Gartentore entsprechen in ihrem Design den bekanntesten Entwürfen für Gartenzäune – Jägerzäune, Lattenzäune und solche im Farmhausstil sind am weitesten verbreitet. Gefaßte Tore mit massiver Holzfront weisen durch ihre Konstruktion eine sehr große Stabilität auf. Wenn das obere Abschlußbrett verrundet oder winklig ausgeführt ist, wird das Regenwasser zu den Seiten abgeleitet, was das Tor weniger anfällig gegenüber Fäulnis macht – ein keineswegs unerhebliches Argument, das Sie bei der Auswahl in Betracht ziehen sollten. Besonders bei gemauerten Begrenzungen sind kostspielige Tore aus Schmiedeeisen sehr beliebt.

Seitentore

Ein Seitentor wird weniger häufig benutzt als ein Eingangstor und ist oft Bestandteil eines höheren Zauns, der den Garten vor Eindringlingen schützen soll. Die Bauhöhe liegt also um zwei Meter, als Material kommt Holz oder Schmiedeeisen zur Anwendung. Holztore sind schwer und werden mit starken Diagonalverstrebungen versehen, um die erforderliche Stabilität zu erzielen. Wenn das Tor nicht nur die Rückseite des Hauses vor Einbrechern schützen, sondern auch einen Sichtschutz bieten soll, kommen eigentlich nur Holztore in Frage.

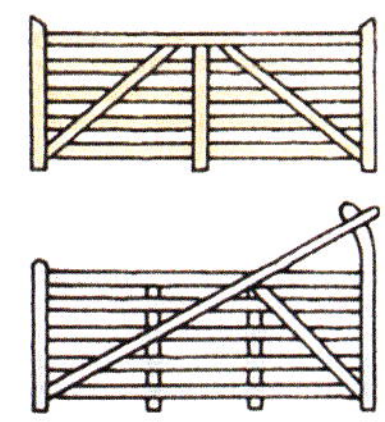

Zufahrtstore

Zunächst sollten Sie darüber nachdenken, ob es wirklich sinnvoll ist, die Zufahrt mit einem Tor zu versehen. Dabei sollten Sie auch daran denken, wo Sie ihren Wagen abstellen, wenn Sie das Tor öffnen. Bleibt der Wagen dabei halb auf der Straße stehen, weil sich das Tor zu nahe am Bürgersteig befindet, besteht ein hohes Unfallrisiko.
Zufahrtstore schwingen beim Öffnen grundsätzlich ins Grundstück hinein; Sie sollten also überprüfen, ob dort genug Platz ist. Alternativ können Sie zwei kleinere Tore verwenden, die in der Mitte zusammengeführt werden. Wenn Sie sich für ein größeres Tor entscheiden, sollten Sie wissen, daß Holztore mit durchgehenden horizontalen Streben mehr Stabilität bieten als andere Konstruktionen.

Materialien für Tore

Viele Tore werden aus Weichholz gefertigt. Weitaus solider sind jedoch Tore aus Zeder oder Eiche.
Die meisten sogenannten schmiedeeisernen Tore werden aus Weichstahl hergestellt, der durch eine Grundierung und einen Anstrich wetterfest gemacht werden sollte.

Montage des Tores

Die genaue Art der Montage hängt von der Bauweise des Tores und der Art der Scharniere ab. An dieser Stelle wird die Anbringung eines Holztores beschrieben, das an Scharnieren aufgehängt und mit einem Schnappschloß versehen ist.

1 *Stellen Sie das Tor zwischen die Pfosten. Unterlegen Sie Ziegelsteine oder Bretter, um es auf die richtige Höhe zu bringen. Benutzen Sie wechelseitig Keile, um das Tor zu den Seiten hin festzuklemmen und justieren Sie anschliessend den Abstand auf das erforderliche Maß und achten Sie auf ausreichenden Montageabstand für das Schloß und die Scharniere. Wenn die Scharniere auf der Innenseite des Tores befestigt sind, sollte diese bündig mit den Innenflächen der Pfosten abschließen.*

Siehe auch:
Holzzäune reparieren, Seite 34
Ersetzen eines Torpfostens, Seite 58

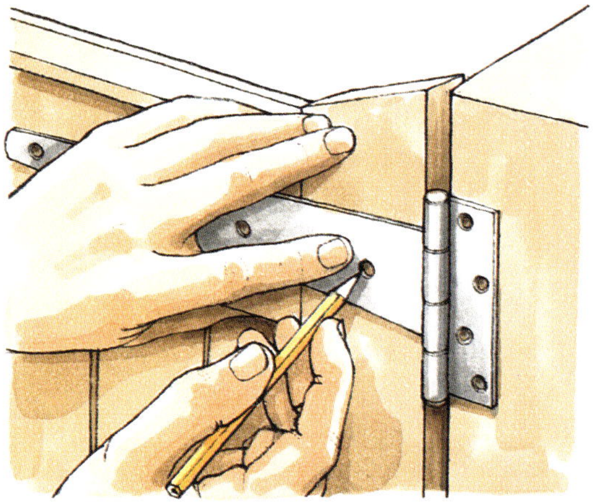

2 *Kontrollieren Sie mit einer Wasserwaage, ob der obere Querbalken des Tores waagerecht ausgerichtet ist. Dann halten Sie die Scharniere an, um mit dem Bleistift die Schraubenlöcher zu markieren. Wenn Sie die Schrauben angezogen haben, sollten Sie überprüfen, ob das Tor ungehindert schwingen kann.*

3 *Passen Sie nun auch das Schloß auf gleiche Weise ein.*

TIP

Ein Doppeltor justieren

Wenn Sie ein Doppeltor anbringen, sollten Sie die beiden Teile mit Schraubzwingen verbinden und dabei einige Holzstücke als Distanzhalter in die Fuge zwischen den Tore stecken. Keilen Sie die verbundenen Tore zwischen den Pfosten fest und verfahren Sie wie bereits beschrieben.

Beschläge für Gartentore

Da Gartentore oft stark belastet werden, sollten Sie wissen, welche Scharniere und Schließmechanismen hier verwendet werden können.

Bandscharniere
Die meisten Holztore werden mit Bandscharnieren befestigt, wobei häufig Bauformen mit einem verlängerten oder T-förmigen Arm verwendet werden, der immer ans Tor geschraubt wird und nicht an den Pfosten. Schwerere Tore benötigen ein entsprechend stabileres Scharnier, das mit Durchgangsschrauben (Schloßschrauben mit Muttern) am oberen Querbrett des Tores befestigt wird.

Türangeln
Bei Eisentoren werden zumeist richtige Türangeln aus Metall verwendet. Bei Holzpfosten wird das Gegenstück festgeschraubt, während sich bei Steinpfosten mehrere Lösungen anbieten: Befestigung mit Schrauben und Mauerdübeln, einbetonieren oder festschweißen an einem vorgesetzten Metallpfosten. Wenn man nicht eine der Angeln umdreht oder an einem der Scharniere eine Sicherungsschraube anbringt, kann das Tor mühelos nach oben aus den Angeln gehoben werden.

Automatischer Schnapper
Einfache Holztore werden mit einem Fallriegel versehen, der das Tor beim Zuschlagen automatisch arretiert. Befestigen Sie zunächst den Riegel am Tor und richten Sie die Falle danach am Pfosten aus.

Griff mit Daumenhebel
Diese Schlösser sind nur für Tore mit geschlossener Holzfront geeignet. Zunächst muß ein Schlitz für die Durchführung des Daumenhebels ausgesägt werden. Anschließend richten Sie den Griff aus und prüfen, ob sich der Hebel frei betätigen läßt, bevor Sie ihn festschrauben. Anschließend wird die Falle so befestigt, daß das Tor richtig schließt.

Schlagladenüberwurf
Diese Riegel werden durch Drehen eines Rings oder Knaufes geöffnet.

Überwurf
Diese Form wird mit einem Durchgangsbolzen am Tor befestigt und zum Schließen in eine am Pfosten befestigte Falle gedrückt.

Andere Formen
Bei zweiteiligen Zufahrtstoren wird das eine Tor häufig in einer im Boden eingelassenen Falle arretiert, um über einen Riegel mit dem anderen verbunden zu werden.

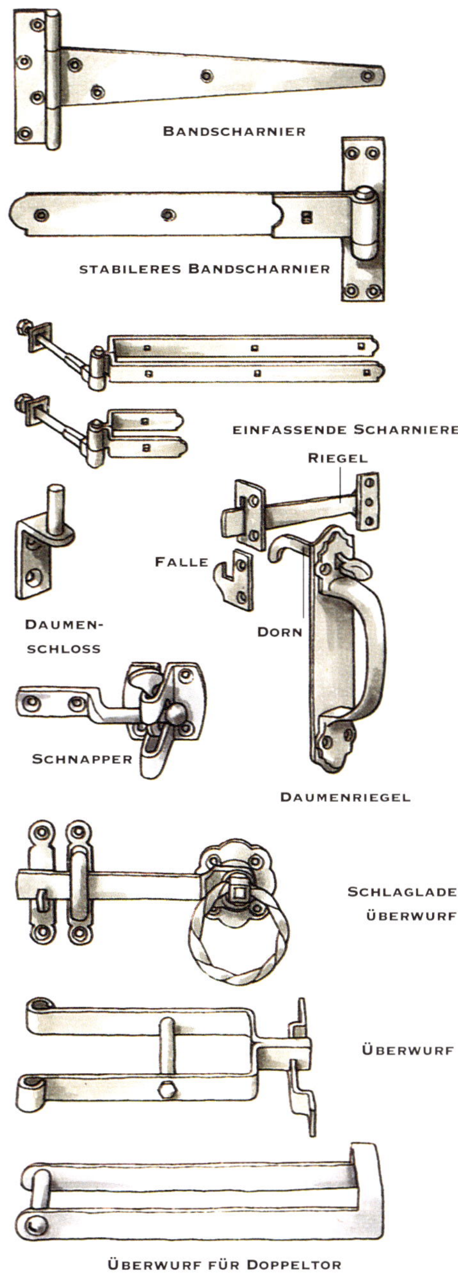

Ersetzen eines Torpfostens

Verwenden Sie für Holzpfosten grundsätzlich solche, die aus Hartholz bestehen und einen Querschnitt aufweisen, der dem Gewicht des Tors angemessen ist. Pfosten von 10 cm Kantenlänge reichen zumeist aus, aber für Tore von 2 Metern Höhe ist es durchaus sinnvoll, Pfosten mit 12,5 cm Kantenlänge zu verwenden.
Sie können auch Betonpfosten verwenden. Viereckige oder zylindrische Metallpfosten werden bereits mit angeschweißten Beschlägen angeboten, was die Arbeit erheblich vereinfacht. Wie Metalltore müssen auch sie mit einem Anstrich gegen Rost geschützt werden. Diese Arbeit kann man sich sparen, wenn man einen pulverbeschichteten Pfosten kauft, der mit einer wetterfesten Kunststoffschicht versiegelt ist.

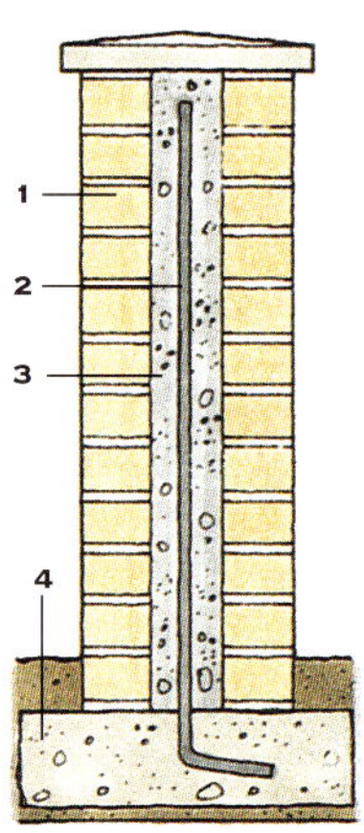

Gemauerte Pfeiler
Eine beliebte Alternative zu Holzpfosten sind gemauerte. Sie sollten eine Kantenlänge von mindestens 33 cm aufweisen und auf einem Betonfundament stehen. Wenn das Tor sehr schwer ist, sollte man eine Angel verwenden, die mit einem Metallspieß im Mauerwerk und im Fundament verankert wird.

PFEILER AUS MAUERWERK
1 PFEILER
2 METALLSPIESS
3 BETONKERN
4 FUNDAMENT

Torpfosten aus Holz setzen

Torpfosten werden wie gewöhnliche Zaunpfähle in Beton gesetzt, sollten aber zur Verstärkung mit einer Betonschwelle verbunden werden.

1 *Legen Sie das Tor auf den Boden und die Pfosten daneben. Achten Sie darauf, daß Pfosten und Tor genau parallel und im Hinblick auf die verwendeten Beschläge im richtigen Abstand zueinander liegen.*
Verbinden Sie die Pfosten provisorisch mit zwei quer und einer diagonal angebrachten Leiste.

2 *Heben Sie an der Stelle, wo das Tor später stehen soll, einen kurzen Graben von 30 cm Breite aus, der gerade lang genug sein sollte, um beide Pfosten aufzunehmen. Dort, wo die Pfosten sitzen, sollte er bei leichten Toren etwa 45 cm tief sein, bei schweren 60 cm.*
Setzen Sie die miteinander verbundenen Torpfosten in ein Fundament aus Schotter und Beton. Stützen Sie die Konstruktion mit Leisten ab, damit sie nicht kippt, während der Beton abbindet.
Anschließend füllen Sie auch den Graben mit Beton auf. Die Füllhöhe hängt davon ab, ob Sie den Betonsockel direkt als Trittschwelle benutzen oder zusätzlich mit Steinplatten pflastern wollen.
Wenn der Beton durchgehärtet ist, können Sie die Leisten entfernen und die Nagellöcher mit Holzkitt füllen.

Eine Wasserlandschaft für die Terrasse kreieren

Gartenbesitzer verbringen ihre schönsten Stunden oft damit, daß sie die natürliche Geräuschkulisse genießen: Das Rauschen der Bäume, der Gesang der Vogel und – falls Sie zu den besonders Begünstigten gehören – das Gluckern fließenden Wassers. Normalerweise sorgt die Natur für den Wind und den Vogelgesang, aber um das Geräusch des Wassers müssen wir uns selbst kümmern.
Wenn ausreichend Platz zur Verfügung steht, wird man sich für einen Gartenteich entscheiden, der mit einem Springbrunnen oder sogar einem kleinen Wasserfall versehen ist. Wenn der Platz knapp ist, bietet sich als Ideallösung ein kleiner Springbrunnen an. Man benötigt dafür lediglich ein Kunststoffbecken und eine kleine Tauchpumpe, die auf dem Grund liegt und dekorativ mit Kieseln abgedeckt wird. Ein solcher Brunnen kann auch in unmittelbarer Nähe des Hauses angelegt werden, so daß man ihn vom Fenster aus sehen kann und der Strom zum Betrieb der Pumpe problemlos bereitgestellt werden kann.

Tauchpumpen für Teiche

Tauchpumpen sind für den Betrieb eines Springbrunnens, Wasserfalls oder einer Kombination aus beidem gedacht und werden in vielen Größen und Bauarten produziert. Die Hersteller spezifizieren ihre Pumpen anhand der Fördermenge in Litern pro Stunde, aus der die Höhe des Wasserstrahls eines Springbrunnens und die über einen Wasserfall ablaufende Menge hervorgehen. Eine solche Pumpe wird von einem Elektromotor angetrieben, der entweder direkt mit Hochspannung aus dem Stromnetz oder über einen Kleintrafo mit einer Niederspannung betrieben wird. Außerdem gibt es auch Niederspannungsmodelle mit Solarbetrieb. Teichpumpen sind voll isoliert und werden meist als Set angeboten, zu dem neben einem Stück Schlauch und Schlauchverbindern auch das passende Anschlußkabel gehört. Für einen Kleinteich sollten Sie eine Pumpe wählen, die für die Anlage kleiner Wasserläufe (Kaskaden) empfohlen wird. Falls Sie im Zweifel über die Eignung einer Pumpe sind, sollten Sie sich beim Hersteller oder Lieferanten informieren.

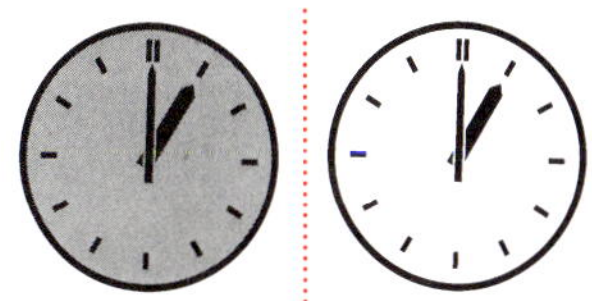

Zeit: ein Tag

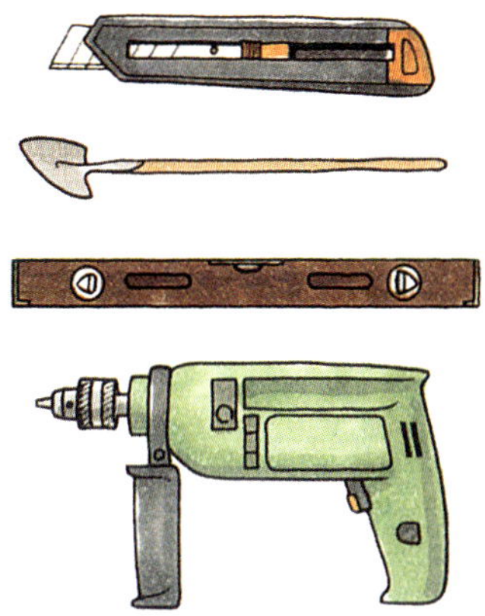

Erforderliches Werkzeug

- Hobbymesser
- Spaten
- Harke
- Bohrmaschine und Zubehör
- Wasserwaage
- Maurerkelle

Tauchpumpe für einen kleinen Springbrunnen

Anlegen eines Kleinbrunnens

Aus Kunststoff hergestellte Fertigspringbrunnen weisen einen runden oder viereckigen Querschnitt auf. Der Teich selbst ist recht flach, während sich im Zentrum ein tiefes Reservoir befindet, das etwa die Form eines Eimers hat. Zum Lieferumfang gehört ein durchlässiger Zwischendeckel, der über dem Reservoir angebracht und mit Kieseln bedeckt wird, um die Konstruktion zu kaschieren.

Ausheben des Lochs
Heben Sie zunächst ein Loch aus, das etwas größer ist als der Teich. Es sollte so tief sein, daß der Rand des Teiches entweder auf gleicher Ebene liegt wie die Terrasse oder etwas tiefer. Beachten Sie, daß das Reservoir nicht direkt eingesetzt wird, sondern zunächst auf dem festgestampften Grund eine Lage Sand angeschüttet werden muß. Setzen Sie nun das Reservoir in das Loch und füllen es etwa bis zur Hälfte mit Wasser, damit es einen festeren Stand erhält. Füllen Sie den Rand des Lochs nun mit Erde oder Sand an, bis das Reservoir und das Sammelbecken des Teiches fest und eben sitzen.

Montage der Pumpe
Verbinden Sie nach den Anweisungen des Herstellers die Pumpe über das beigelegte Kabel mit dem Stromnetz.
Wenn auf Ihrer Terrasse keine Außensteckdose installiert ist, können Sie an einer geeigneten Stelle ein Loch durch einen Fenster- oder Türrahmen bohren, um die Zuleitung zu verlegen. Dichten Sie das Loch anschließend mit Silikonkautschuk ab.
Schließen Sie den Schlauch an den Auslaß der Pumpe an und füllen Sie das Reservoir mit Wasser. Prüfen Sie, ob die Pumpe funktioniert. Führen Sie den Schlauch seitlich aus dem Reservoir heraus und befestigen Sie den Deckel.

Anlegen einer Kaskade
Zwei Keramikblumentöpfe eignen sich hervorragend zum Bau einer kleinen Kaskade. Stellen Sie einen Topf in das Becken und legen Sie den anderen schräg hinein. Führen Sie das Ende des Schlauches durch das Loch im Boden des oberen Topfes und dichten Sie die Verbindung mit Silikonkautschuk ab.
Anschließend können Sie die Umgebung der Töpfe mit unregelmäßig verteilten Kieselsteinen dekorieren. Legen Sie auch einige größere Kiesel in den oberen Topf, um ihn in seiner Position zu halten und den Schlauch zu kaschieren.
Stellen Sie die Pumpe an und legen Sie weitere Kieselsteine in den Topf und in das Becken, bis sich ein schöner Kaskadeneffekt ergibt.

Wartung des Brunnens
Füllen Sie den Brunnen ab und zu nach, um den durch Verdunstung entstehenden Wasserverlust auszugleichen. Im Spätherbst sollten Sie die Pumpe herausnehmen und den Filter reinigen. Dabei müssen auch die Kiesel weggeräumt werden, so daß sich die Gelegenheit ergibt, Blätter und anderen Unrat aus dem Becken zu beseitigen.

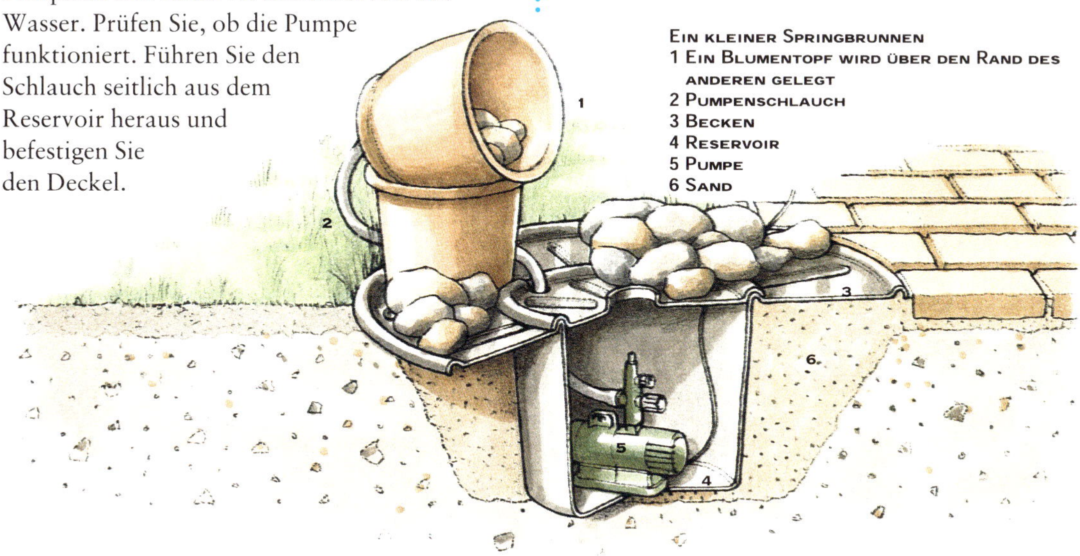

Ein kleiner Springbrunnen
1 Ein Blumentopf wird über den Rand des anderen gelegt
2 Pumpenschlauch
3 Becken
4 Reservoir
5 Pumpe
6 Sand

ZEIT: EIN TAG

Verlegen einer Wasserleitung

Ein Wasseranschluß im Garten erweist sich als praktisch, wenn man die Pflanzen bewässern, den Teich auffüllen oder die Terrasse säubern will. Um das Eindringen von Außenwasser in die öffentliche Versorgung zu verhindern, sollte ein spezieller Absperrhahn mit Rückflußventil installiert werden. Bei Anbruch der Frostperiode sollte die Leitung komplett abgesperrt und entleert werden, um Frostschäden vorzubeugen.

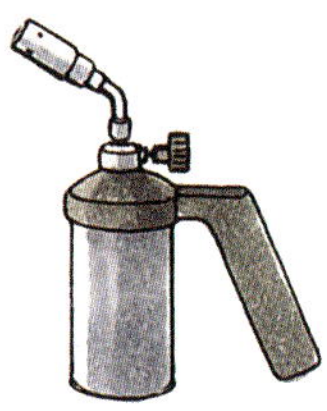

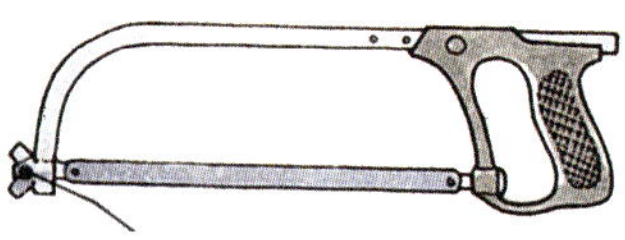

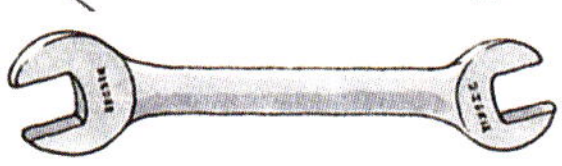

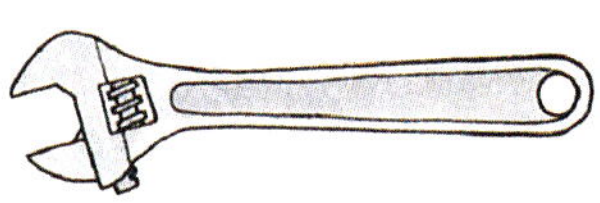

Erforderliches Werkzeug

- Lötlampe
- Metallsäge/Rohrschneider
- Steinbohrer
- Bohrmaschine
- Schraubenschlüssel

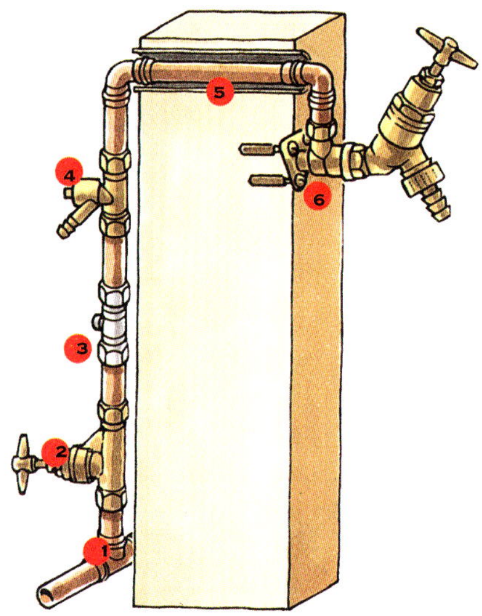

SCHEMA DER WASSERSTELLE
1 T-ABZWEIG
2 ABSPERRHAHN
3 RÜCKFLUSS-VENTIL
4 ABLAUFHAHN
5 KUNSTSTOFF-DURCHFÜHRUNG
6 WASSERHAHN

Rohre und Fittinge für die Wasserstelle

Drehen Sie den Hauptabsperrhahn zu und entleeren Sie die Hauptleitung. Setzen Sie einen T-Abzweig (1) in die Hauptleitung ein, von dem die Versorgung für den Garten abzweigt. Nach einem kurzen Rohrstück wird der Absperrhahn montiert (2), gefolgt vom Rückflußventil (3). Achten Sie darauf, daß die Pfeilmarkierung beider Teile mit der Flußrichtung des Wassers übereinstimmt. Als nächstes wird der Ablaufhahn (4) installiert. Die Wasserleitung wird in einem Kunststoffrohr (5) mit etwas größerem Durchmesser durch die Wand nach draußen geführt – diese Konstruktion hat den Vorteil, daß man Leckagen bemerkt, bevor das Mauerwerk Schaden erleidet. Umwickeln Sie das Gewinde des eigentlichen Wasserhahns mit einem geeigneten Dichtmittel und befestigen Sie den Hahn (6) nach Möglichkeit zusätzlich an der Wand.

Schutz der Teichfische vor Katzen

Katzen werden von den Bewegungen dicht an der Wasseroberfläche schwimmender Fische angelockt. Obwohl sie die Fische meist nur wie hypnotisiert anstarren, gibt es doch manche räuberische Katze, die Ihren Teich als Futterquelle ansehen könnte. Selbst wenn sie es nicht schafft, den Fisch an Land zu holen, reicht ein Pfotenschlag doch aus, um den Wasserbewohner zu töten.

Die Blätter von Seerosen bieten einen gewissen Schutz, verhindern aber andererseits, daß Sie sich selbst am Anblick der Fische erfreuen können. Stattdessen sollte man den Rand besser mit Pflanzen ausstatten, die weit ins Wasser ragen, da Katzen sich nur dann an den Teich herantrauen, wenn sie sicheren Boden unter den Pfoten haben.

Zeit: ein Tag

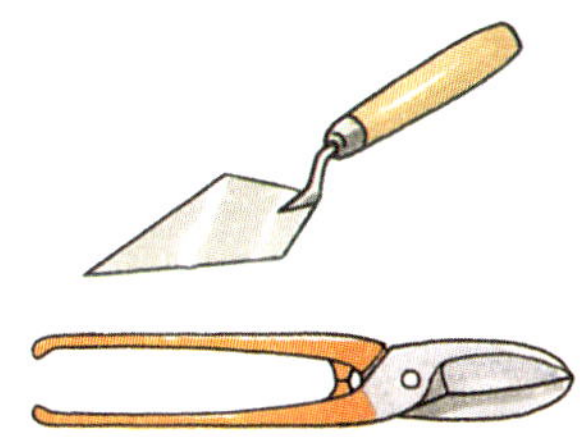

Erforderliches Werkzeug

- Maurerkelle
- Blechschere

Konstruktion des Teichrandes

Unterfüttern Sie das Zementbett der Randsteine mit Maschendraht, der etwa 15 cm ins Wasser hineinreicht, um den Pflanzen genug Halt zu bieten. Sobald sich die Pflanzen ausgebreitet haben, ist der Draht ebensowenig zu sehen wie der Rand der Teichfolie.

Siehe auch:
Einen Gartenteich anlegen, Seite 102

ZEIT: EIN TAG

Erforderliches Werkzeug

bei Pilzbefall

Drahtbürste
Schutzmaske
Schutzbrille
großer Pinsel
Spachtel

zur Grundreinigung

Schutzmaske
Gartenschlauch
Schutzbrille
ausrangierter Pinsel

Fugen instandsetzen

Drahtbürste
Fäustel
Meißel
Schutzmaske
Fugenkratzer
Schutzbrille
Zementkelle
Maurerkelle

Mauersteine ersetzen

Fäustel
Meißel
Bohrmaschine
Steinbohrer

Siehe auch:
Renovierung der Hauswand, Seite 118
Ausbessern verputzter Mauern, Seite 116

Renovierung alter Mauern

Ältere Ziegelmauern weisen Eigenschaften auf, die sich mit modernen Mitteln nicht erreichen lassen. Dabei geht es nicht etwa darum, daß neue Ziegel bessere Materialeigenschaften aufweisen oder heutige Maurer über weniger Erfahrung verfügen als ihre Vorgänger. Vielmehr ist es die Witterung, die dafür sorgt, daß alte Ziegelwände im Laufe der Jahre eine unnachahmliche Textur und Farbe annehmen, die sich schlecht künstlich nachahmen lassen.
Doch sorgt die Witterung auch für alle möglichen Probleme, die man in Angriff nehmen muß, wenn man eine Ziegelmauer erhalten will. Es ist unwahrscheinlich, daß Ihre Mauer von der Gesamtheit dieser Probleme betroffen ist – falls doch, dann werden Sie sich mehr Zeit nehmen müssen als ein Wochenende, um die Mauer zu retten. Insofern die Mauer nicht ungewöhnlich groß ist, werden Sie jede einzelne Aufgabe an einem Tag oder zumindest an einem Wochenende erledigen können.

Beseitigen von Flechten und Moos

Kräftig gefärbtes Moos kann einer Mauer durchaus einen attraktiven Touch verleihen. Tatsächlich streichen manche Gärtner Ziegelmauern mit Jauche, um den Wuchs von Flechten zu begünstigen. Da ein solcher Bewuchs jedoch auf Feuchtigkeit im Stein deutet, ist es kein gutes Zeichen, wenn er sich von selbst auf einer Mauer einstellt.

Versuchen Sie zunächst, die eigentliche Ursache des Problems ausfindig zu machen, bevor Sie dagegen vorgehen. Wenn beispielsweise eine Seite Ihres Hauses nie dem Sonnenlicht ausgesetzt ist, kann sie die gespeicherte Feuchtigkeit nicht in ausreichendem Maß abgeben. In diesem Fall sollten Sie überlegen, ob Sie durch das Beschneiden von Büschen und Bäumen für mehr Sonnenlicht und Ventilation sorgen könnte.

Achten Sie auch darauf, ob der Boden im Bereich der Mauer die Feuchtigkeit gut aufnimmt und beseitigen Sie etwaige Schichten von Schutt oder Mutterboden, die der Drainage im Weg stehen.

Korrodierte Regenrinnen können ebenfalls dazu beitragen, daß die Wand feucht wird.

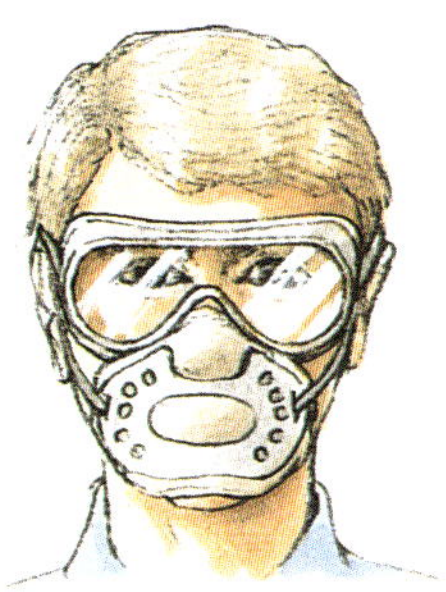

GESUNDHEIT UND SICHERHEIT

Das Reinigen einer Ziegel- oder Natursteinmauer ist eine unangenehme, staubige Arbeit – tragen Sie alte Kleidung, eine Schutzmaske, Schutzbrille und Handschuhe. Das gilt ganz besonders, wenn Sie mit Fungiziden und Reinigungsmitteln arbeiten.

Moos dauerhaft und zuverlässig entfernen

Dies ist eine jener Arbeiten, die eigentlich nicht mehr als einen Tag beansprucht, sich aber trotzdem über mehrere Tage erstreckt, wenn man den Bewuchs wirklich dauerhaft beseitigen will. Kratzen Sie die dickeren Moosschichten zunächst mit einem Kunststoffspachtel weg. Dann streichen Sie die Wand von oben nach unten mit einer Lösung aus einem Teil Bleichsoda und vier Teilen Wasser ein, um die Sporen abzutöten.

Anschließend lassen Sie die Wand einige Tage durchtrocknen, bevor Sie sie gründlich mit einer Wurzelbürste reinigen – verwenden Sie keine Drahtbürste, da diese die Oberfläche der Ziegel angreifen würde. Tragen Sie dabei unbedingt Schutzkleidung (siehe unten links). Führen Sie die Bürste immer von sich weg, um sich vor Staub und kleinen Steinchen zu schützen. Danach wird die Wand noch einmal mit der Bleichmittellösung eingestrichen.

Verwendung eines Fungizides

Falls die Wand wiederholt von Pilzen und Flechten befallen wird, sollte man sich im Baumarkt ein geeignetes Reinigungsmittel beschaffen. Verdünnen Sie das Fungizid nach Anleitung des Herstellers mit Wasser und streichen Sie die Wand großzügig damit ein. Lassen Sie das Mittel 24 Stunden lang einwirken und spülen Sie es anschließend mit klarem Wasser fort. In Extremfällen sollten Sie die Reinigung nach 24 Stunden wiederholen.

Verschmutzte Wände reinigen

Zum Teil entsteht die Wirkung einer Ziegelmauer erst durch Verfärbungen, die im Laufe der Zeit von der Witterung und Luftverunreinigungen hervorgerufen werden. Falls Sie diese Patina nicht schön finden, sollten Sie die Wand in regelmäßigen Abständen von den Oberflächenverschmutzungen befreien. Sehr gut geeignet ist hier ein Hochdruckreiniger, wobei der Strahl allerdings den brüchigen Mörtel angreifen und auf diese Weise ganze Steine lockern kann. Deshalb sollte man besser auf sanftere Reinigungsmethoden zurückgreifen. Außerdem sollten Sie davon absehen, die Ziegel mit Wasser zu reinigen, wenn Frost angekündigt ist. Aggressive Lösungsmittel greifen möglicherweise sowohl Ziegel als auch Naturstein an – im Zweifelsfall sollten Sie einen ortsansässigen Bauunternehmer fragen, der sich mit den in Ihrem Gebiet verwendeten Materialien auskennt.

Abwaschen einer Wand
Arbeiten Sie von oben nach unten und lassen Sie das Wasser an der Wand herunterlaufen, während Sie den Stein mit einer harten Bürste bearbeiten. Hartnäckige Verunreinigen bürsten Sie mit einer Mischung aus einem Becher Salmiakgeist auf einen Eimer Wasser. Spülen Sie gründlich mit klarem Wasser nach.

Flecken beseitigen
Flecken von Teer, Fett oder Öl kann man zum Teil durch eine Kompresse beseitigen, die eine Mischung aus Sägemehl und Paraffin, Spiritus oder ein Reinigungsgel enthält.
Tragen Sie bei dieser Arbeit auf jeden Fall Schutzhandschuhe. Streichen Sie den Fleck mit dem Reinigungsmittel ein und decken Sie ihn mit einer etwa 1 cm dicken Schicht der Mischung ab. Kleben Sie ein Stück Plastikfolie darüber, damit das Lösungsmittel nicht verfliegt. Lassen Sie das Mittel einwirken, bis die Kompresse den Fleck absorbiert hat. Entfernen Sie die Masse mit einem Kunststoffspachtel und reinigen Sie die Stelle mit klarem Wasser.

Entfernen von Farbflecken
Durchgetrocknete Farbflecken kann man mit Abbeizer entfernen. Befolgen Sie in jedem Fall die Anweisungen des Herstellers und tragen Sie alte Kleidung, Handschuhe und eine Schutzbrille.

Pinseln Sie die Stelle mit Abbeizer ein und lassen Sie ihn ungefähr 10 Minuten einwirken, bevor Sie die Farbe zunächst grob abkratzen und anschließend mit einer Bürste und Wasser aus den Fugen entfernen. Wenn die Farbe restlos entfernt ist, wird mit viel klarem Wasser nachgespült.

ABLAGERUNGEN

Ablagerungen vom Mauerwerk entfernen
Die in Baustoffen wie z.B. Zement, Ziegel und Stein enthaltenen löslichen Salze wandern beim Durchtrocknen allmählich zur Oberfläche, wo sie sich als weiße Flecken ablagern. Dieser kristalline Belag wird häufig fälschlicherweise als „Kalkablagerung“ interpretiert.
Dasselbe Problem tritt bei alten Wänden auf, die relativ großer Feuchtigkeit ausgesetzt sind. Die Ablagerungen selbst sind nicht schädlich, aber man sollte in jedem Fall überprüfen, warum sie sich gebildet haben.

Bürsten Sie die Ablagerung regelmäßig von der Wand, bis die Nachbildung aufhört. Verwenden Sie dabei eine harte Bürste oder ein rauhes Tuch. Versuchen Sie nicht, die Kristalle abzuwaschen – sie würden sich lediglich auflösen und vom Stein aufgesaugt werden.

MAUERWERK REPARIEREN

Durch Zusammenwirken von Frost und Erosion kann sich der Mörtel einer gemauerten Wand allmählich auflösen, bis er aus den Fugen fällt. Die offenen Fugen sind damit ungeschützt Regen und Wind ausgesetzt, so daß das Mauerwerk bald unter erhöhter Feuchtigkeit leidet. Ein solcher Schaden kann auch dadurch entstehen, daß der Mörtel zu trocken ist und deshalb auseinanderbröckelt. Es kann viel Zeit in Anspruch nehmen, einen solchen Schaden zu reparieren, obwohl es andererseits nicht besonders schwierig ist. Nehmen Sie sich jeweils nur eine begrenzte Fläche vor, die sich in absehbarer Zeit erledigen läßt. Verwenden Sie entweder Fertigmörtel oder ein Gemisch aus einem Teil Zement, zwei Teilen Kalk und sechs Teilen Sand. Alle Bestandteile erhalten Sie in jeder Baustoffhandlung.

ANMISCHEN VON MÖRTEL

Mischen Sie zunächst die trockenen Bestandteile auf einem flachen Brett gut durch und drücken Sie dann eine Vertiefung in die Mitte des Gemischs. Geben Sie ein wenig Wasser in die Mulde und schieben Sie mit der Kelle das trockene Gemisch vom Rand zur Mitte, bis es das Wasser vollständig aufgesaugt hat. Mischen Sie alles noch einmal gut durch und drücken Sie wieder eine Vertiefung in die Mitte, die mit Wasser gefüllt wird. Fahren Sie damit fort, bis der Mörtel die Konsistenz weicher Butter hat. Mörtel auf Zementbasis trocknet innerhalb einiger Stunden durch, weshalb Sie nicht zuviel davon anmischen sollten. Wenn Sie mit Kalk arbeiten, sollten Sie grundsätzlich Handschuhe, eine Schutzbrille und eine Atemschutzmaske tragen.

Vorbereitung

Kratzen Sie den alten Mörtel bis auf eine Tiefe von etwa 1 cm heraus. Benutzen Sie Meißel und Fäustel, um fester sitzende Stücke zu entfernen. Bürsten Sie anschliessend die Fugen aus. Besprengen Sie die Stelle mit Wasser, damit die Wand dem frischen Mörtel nicht zuviel Wasser entzieht.

TIP

Herstellung einer Mörtelkelle

Für diese Arbeiten benötigen Sie eine kleine, leichte Mörtelkelle, auf der Sie eine kleine Menge des Mörtels bereit halten. Nageln Sie einen Holzklotz auf die Unterseite eines Brettchens und bohren Sie ein Loch für den Griff hinein.

TRENNEN SIE MIT DER KANTE DER MAURERKELLE EINE KLEINE MENGE MÖRTEL AB.

Füllen der Fugen

Nehmen Sie eine kleine Menge des Mörtels auf die Mörtelkelle. Trennen Sie mit der Kante der Maurerkelle eine kleine Menge des Mörtels ab, die sie fest in die vertikal verlaufenden Fuge drücken. Da der Mörtel dabei leicht herunterfällt, sollten Sie die Mörtelkelle direkt darunter halten. Anschließend füllen Sie auf gleiche Weise die horizontalen Fugen. Wenn die Ausbesserung jetzt noch etwas provisorisch wirkt, spielt das keine Rolle.
Sobald der Mörtel so fest ist, daß man darin einen bleibenden Daumenabdruck hinterlassen kann, muß man die Fugen zügig glätten. Da der Mörtel nicht lange in diesem Stadium verbleibt, sollte man sich jeweils nur eine kleine, überschaubare Fläche vornehmen. Glätten Sie die Fugen so, daß sie den umliegenden gleichen.

WIE MAN FUGEN GLÄTTET

Hier werden verschiedene Methoden vorgestellt, wie man die Fugen des Mauerwerks glätten kann. In den meisten Fällen werden Sie eine bündige oder gekehlte Fuge realisieren wollen.

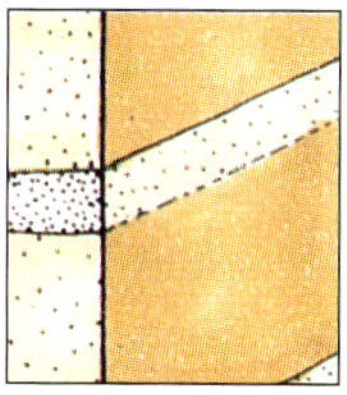

Bündige Fugen

Ziehen Sie die Fugen mit der Kante der Kelle glatt. Anschließend klopfen Sie leicht mit einer Bürste über die Fugen, um sie anzurauhen.

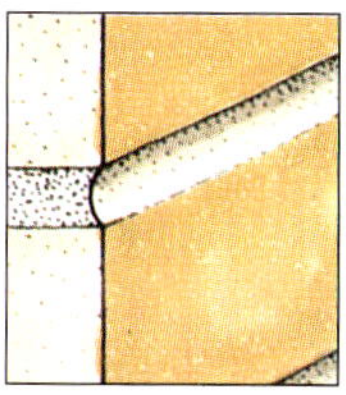

Gekehlte Fuge

Diese Methode eignet sich vor allem für Wände mit alten Ziegeln. Maurer verwenden dafür einen speziellen Fugenglätter, der in seiner Form an die Kufe eines Schlittens erinnert. Die halbkreisförmige Klinge dieses Werkzeugs wird an der Fuge entlanggezogen. Ziehen Sie die Fuge erst bündig, bevor Sie die Fuge kehlen. Bearbeiten Sie zunächst die senkrechten und anschließend die waagerechten Fugen. Rauhen Sie anschließend die Fuge mit einer Bürste auf.

So verwenden Sie den Fugenglätter

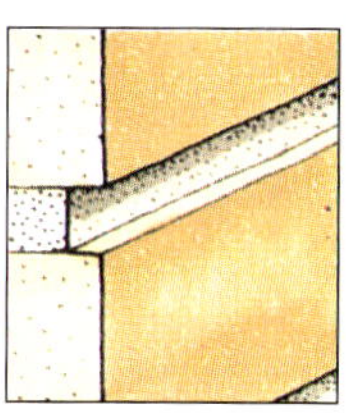

Zurückgesetzte Fuge

Eine solche Fuge verstärkt das durch das Setzen der Steine entstehende Muster. Da das Wasser jedoch nicht richtig aus der Fuge ablaufen kann, sollte man diese Methode nicht bei Mauern verwenden, die dem Wetter ausgesetzt sind.

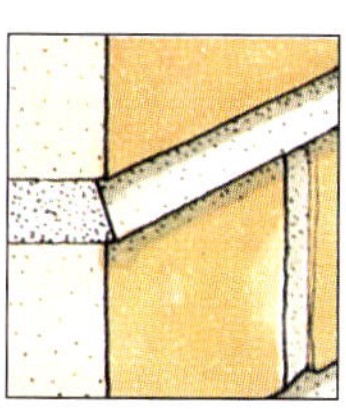

Wetterabweisende Fuge

Diese leicht angewinkelte Fuge läßt das Wasser ablaufen und eignet sich deshalb besonders für Mauern, die ständig dem Regen ausgesetzt sind.

(Siehe rechte Spalte)

1 *Benutzen Sie eine kleine Maurerkelle, um die Fugen zu glätten. Beginnen Sie mit den senkrechten Fugen. Anschließend glätten Sie die waagerechten Fugen, wobei der Mörtel am unteren Ende der Fuge eine kleine „Nase" bilden darf.*

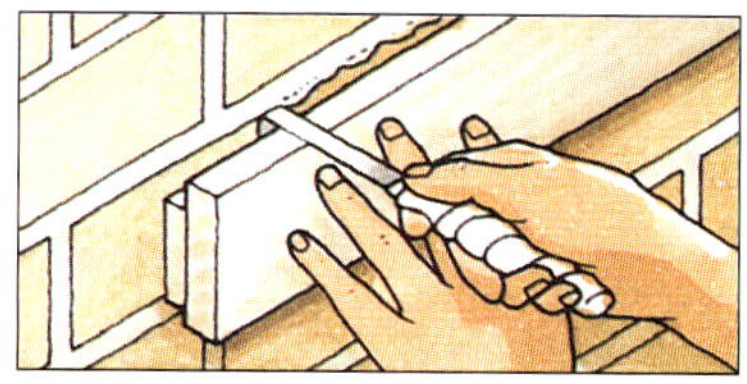

2 *Glätten Sie die Fugen mit einem Winkelglätter nach – dieses Werkzeug sieht aus wie ein Messer, dessen Ende im rechten Winkel abknickt (siehe unten). Am einfachsten ist es, wenn man ein Brett als Führung für den Winkelglätter benutzt. Nageln Sie kleine Holzstückchen unter das Brett, um es auf Abstand zu halten. Richten Sie das Brett entlang der horizontalen Fuge aus und ziehen Sie den Winkelglätter daran entlang, um die Fuge zu glätten.*

Abbürsten der Mörtelreste

Unabhängig von der Art der Fuge sollten Sie den Mörtel erst antrocknen lassen, bevor Sie die Wand von Mörtelresten reinigen. Verwenden Sie dazu eine harte Bürste und führen Sie sie sanft über die Fugen, um diese nicht zu beschädigen.

TIP

Herstellung eines Winkelglätters

Sie können einen Winkelglätter aus einem dünnen Metallstreifen herstellen, den Sie an einem Ende abwinkeln. Das andere Ende wird mit Isolierband umwickelt. Ein anderer Weg: Verwenden Sie ein altes Buttermesser. Halten Sie die Klinge in die Flamme einer Lötlampe, bevor Sie sie im rechten Winkel abbiegen.

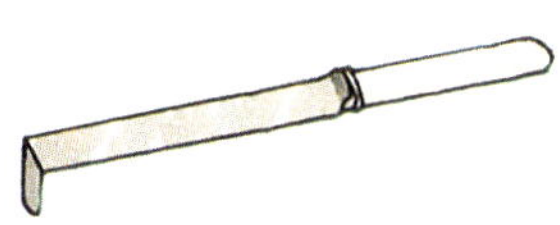

Ersetzen defekter Ziegel

Bei Frost kann es passieren, daß sich das Wasser an der Oberfläche eines Ziegels beim Gefrieren so stark ausdehnt, daß Teile des Steins absplittern. Falls ein großer Teil einer Ziegelwand betroffen ist, sollte man sich mit dem Problem einfach abfinden und gegebenenfalls die Fugen reparieren, bevor man die Wand mit einem luftdurchlässigen Schutzanstrich versieht, um eine weitere Ausbreitung des Schadens zu verhindern.

Doch zumeist splittern die Ziegel nur in einem relativ überschaubaren Bereich einer Wand, so daß man in Erwägung ziehen kann, die betroffenen Ziegel zu erneuern. Gebrochene Ziegel können auf ähnliche Weise ersetzt werden. Jedoch kann man immer nur eine begrenzte Anzahl von Ziegeln herausnehmen, ohne daß die Wand einstürzt. Falls Sie mehr als zwei oder drei Ziegel erneuern müssen, sollten Sie sachkundigen Rat einziehen.

Wegnehmen des defekten Ziegels

Beseitigen Sie zunächst mit Fäustel und Meißel den Mörtel und versuchen Sie dann, den Ziegel zu entfernen. Falls der Ziegel zu fest sitzt, bohren Sie mit einem großen Steinbohrer eine Reihe von Löchern hinein. Anschließend können Sie den Ziegel mit dem Meißel zerschlagen und einfach stückweise entfernen.

Einsetzen des neuen Ziegels

Feuchten Sie die Maueröffnung zunächst an und versehen Sie dann die waagerechte Fläche und eine der Seiten mit Mörtel. Feuchten Sie den neuen Ziegel an und versehen Sie die Oberseite und eine der Seiten mit Mörtel. Drücken Sie den Ziegel in die Öffnung und bearbeiten Sie die Fugen so, daß sie den umliegenden gleichen.

TIP

Einfach den Ziegel umdrehen

Falls Sie keinen Ersatzziegel in der passenden Farbe erhalten, können Sie den alten Ziegel sorgfältig wegnehmen und dann mit der Vorderseite nach hinten einsetzen.

Einen asphaltierten Weg reparieren

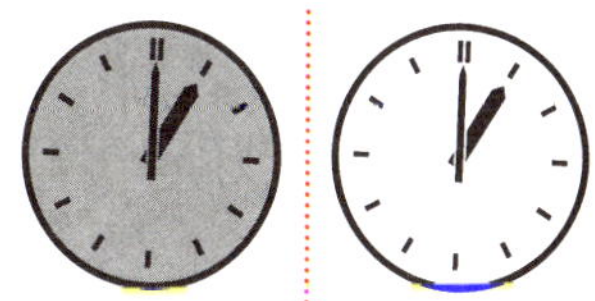

ZEIT: EIN TAG

Sie können einen alten Asphaltweg oder eine Zufahrt leicht selbst reparieren, indem Sie die Risse und Löcher mit kalt abbindendem Asphalt ausbessern. Diese Reparaturmasse läßt sich einfach anwenden und sorgt für eine glatte Oberfläche.

Asphaltmasse

Kalt abbindende Asphaltmasse ist in Säcken á 25 kg erhältlich, mit denen sich jeweils eine Fläche von einem Quadratmeter mit einer knapp 1 cm hohen Schicht bedecken läßt. Die Masse ist in verschiedenen Farbschattierungen erhältlich. Jeder Sack enthält eine getrennte Tasche mit feinem Zierkies, der in die noch weiche Asphaltmasse eingebettet wird. Die Masse läßt sich bei jedem Wetter verlegen, doch das Verteilen und nivellieren fällt leichter, wenn man diese Arbeit an einem trockenen, warmen Tag vornimmt. Falls Sie bei kaltem Wetter arbeiten müssen, sollten Sie die Materialien über Nacht an einem warmen Ort aufbewahren. Obwohl es nicht unbedingt notwendig ist, sieht es einfach besser und professioneller aus, wenn der Weg von Randsteinen oder Holzschwellen gesäumt wird.

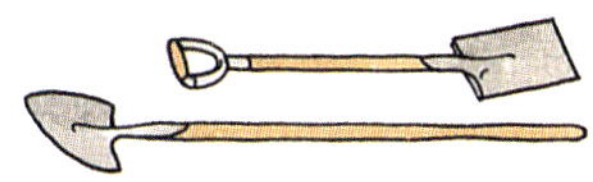

Erforderliches Werkzeug

- Walze
- Rechen
- Schaufel
- Spaten
- Straßenbesen

Entfernen von Unkraut

Jäten Sie zunächst sorgfältig das Unkraut, das sich in den Ritzen und Löchern des Asphaltbelages ausgebreitet hat. Anschließend sollten Sie ein starkes Unkrautvertilgungsmittel anwenden.

Füllen von Schlaglöchern

Reinigen Sie den Bereich um das Schlagloch mit dem Besen und stechen Sie die Seiten des Lochs sauber ab. Entfernen Sie loses Geröll und Schmutz aus dem Schlagloch und streichen Sie das Innere mit Bitumenlösung ein. Warten Sie, bis der Bitumenanstrich fest ist und füllen Sie das Loch mit jeweils 2 cm hohen Lagen Schotter aus, die verdichtet werden müssen, bevor die nächste Lage folgt.

TIP

Oberflächenbehandlung

Ein alter, aber halbwegs gut erhaltener Asphaltweg kann aufgefrischt werden, indem man ihn mit Außenfarbe auf Acrylbasis streicht. Die Farbe wird mit der Rolle oder einem Schrubber aufgetragen. Ein solcher Überzug sieht dekorativ aus und ist rutschfest.

Siehe auch:
Einen gepflasterten Parkplatz anlegen, Seite 96

VORBEREITEN DER OBERFLÄCHE

Streichen Sie die gesamte Fläche mit Bitumenlösung ein, damit sich die neue Asphaltschicht gut mit der alten verbindet. Decken Sie Randsteine, Gullydeckel etc. mit Kunststoffolie ab. Rühren Sie die Bitumenlösung gut durch und verteilen Sie sie anschliessend mit einem Straßenbesen. Kippen Sie nicht zuviel Bitumen auf die gleiche Stelle, da sich sonst Pfützen bilden; vor allem am Ende eines geneigten Weges. Lassen Sie die Lösung etwa 20 Minuten antrocknen – nutzen Sie die Zeit, um den Besen mit heißer Seifenlösung zu reinigen. Diese Arbeit sollte nicht durchgeführt werden, wenn sich Regen ankündigt.

1 *Verteilen Sie die Asphaltmasse mit einem Rechen, so daß sich eine Schicht von knapp 2 cm Höhe ergibt. Glätten Sie die Oberfläche mit einem Schieber. Dicke Klumpen können Sie mit dem Fuß glätten. Verwenden Sie in einem Arbeitsgang nicht mehr als drei Sack Asphaltmasse, bevor Sie den Belag mit der Walze behandeln.*

2 *Feuchten Sie die Walze gut an, damit die Asphaltmasse nicht daran kleben bleibt. Vermeiden Sie es, die Walze über Grasflächen oder Kieswege zu führen, da Sie sonst Gefahr laufen, Halme oder Steinchen in die Oberfläche des Belages zu pressen. Verteilen Sie den Belag zunächst sorgfältig über den gesamten Bereich, um ihn anschliessend mit der Walze zu verdichten.*

3 *Verteilen Sie den Dekorkies über die gesamte Fläche. Abschließend wird der Kies mit der Walze in den Belag gepreßt.*

Der Belag ist sofort begehbar, wobei Sie es allerdings vermeiden sollten, hochhackige Schuhe zu tragen. Außerdem sollten Sie mindestens einen oder zwei Tage abwarten, bevor Sie ihn mit dem Auto befahren. Falls Sie eine Leiter auf dem frischen Belag aufstellen müssen, sollten Sie den Druck verteilen, indem Sie eine Planke unterlegen. Gegenüber Öl und Benzin ist der Belag recht empfindlich, und dies gilt ganz besonders, wenn er noch nicht durchgehärtet ist.

TIP

Einen neuen Weg anlegen

Obwohl kalt abbindender Asphalt in erster Linie als Reparaturmasse gedacht ist, spricht nichts dagegen, ihn zum Anlegen eines neuen Weges zu verwenden. Als Untergrund dient ein sorgfältig verdichtetes Schotterbett, das großzügig mit Bitumen eingestrichen wird.

Ein fester Kiesweg

Als Alternative zum Asphaltweg bietet es sich an, in einem Bett aus Bitumen einen festen Kiesweg anzulegen. Die Bitumenlösung ist in Gebinden zu 5, 25 und 200 kg erhältlich. 5 kg reichen aus, um ungefähr 7 m^2 zu bedecken, wenn der Untergrund aus Beton oder Estrich besteht. Lose Untergründe absorbieren entsprechend mehr Bitumen. Dekorkies ist in Säcken á 25 kg erhältlich; ein Sack reicht für ungefähr 2,5 m^2.

Bitumen auftragen

Die Bitumenlösung benötigt etwa zwölf Stunden Trockenzeit, um völlig wasserdicht zu werden. Sie sollten also vorsichtshalber den Wetterbericht hören, bevor Sie mit dieser Arbeit beginnen. Bitumen läßt sich durchaus auf einen nicht durchgetrockneten Untergrund auftragen, reagiert aber empfindlich auf Frost. Wenden Sie unbedingt ein Unkrautvertilgungsmittel an und füllen Sie alle Schlaglöcher, bevor Sie die Bitumenschicht auftragen.

Es fällt leichter, die Bitumenlösung über den Weg zu verteilen, wenn Sie sie vorher in einen Eimer umfüllen. Verteilen Sie sie großzügig mit einem Straßenbesen.

Auftragen der Kiesschicht

Wenn Sie einen Eimer der Bitumenlösung verteilt haben, sollten Sie den Kies gleichmäßig mit einem Spaten verteilen. Führen Sie den Spaten waagerecht in der Nähe des Bodens und verteilen Sie den Kies durch sanfte, seitliche Schüttelbewegungen. Häufen Sie den Kies nicht zu dicht an und achten Sie darauf, daß die mit Bitumen eingestrichene Fläche komplett bedeckt ist.

Bedecken Sie eine Fläche von etwa 5 m^2 und pressen Sie den Schotter mit der Walze fest. Wenn die gesamte Fläche bedeckt ist, sollten Sie noch einmal mit der Walze darübergehen. Wenn Sie Stellen entdecken, an denen der Bitumenbelag durchscheint, sollten Sie diese mit Sand bedecken und noch einmal mit der Walze darübergehen.

Die Fläche ist anschließend direkt begeh- und befahrbar. Nach einer Woche sollten Sie die losen Steine wegfegen. Löcher im Belag können Sie jetzt ausgleichen, indem Sie die Fläche mit ein wenig Bitumen einstreichen und von Hand Kies hineindrükken.

TIP

Doppelter Belag

Falls die Oberfläche in sehr schlechtem Zustand ist, sollten Sie zunächst wie oben beschrieben eine Schicht Bitumen auftragen und darauf Kies verteilen, der mit der Walze verdichtet wird. Zwei Tage später wird der lose Kies weggefegt und eine zweite Schicht Bitumen aufgebracht, die wieder mit Kies bedeckt wird.

ZEIT: EIN TAG

Erforderliches Werkzeug

- Maurerkelle
- Rechen
- Walze
- Schaufel
- Spaten
- Wasserwaage

Siehe auch:
Eine Steintreppe anlegen, Seite 94

Einen Kiesweg anlegen

Pflegeleichte Kieswege und –zufahrten findet man in vielen Gärten. Doch sollten Sie überlegen, ob Ihr Garten nicht auch in anderer Weise von der Natürlichkeit und Lebhaftigkeit des feinen Steingemenges profitieren könnte, bildet Kies doch einen harmonischen Kontrast zu Pflanzen und größeren Dekorsteinen.
Kiesbeete sind sehr einfach anzulegen und man benötigt dafür nicht mehr als einen Tag, insofern es sich nicht um einen extrem großen oder komplexen Garten handelt.

Anlage eines Kiesbeetes
Um ein Kiesbeet anzulegen, tragen Sie die Erde soweit ab, daß sie mit einer etwa 2,5 cm hohen Schicht Kies bedeckt werden kann. Die Oberfläche des Beetes sollte entweder ca. 2 cm unter der des Rasens verlaufen oder mit Randsteinen abgegrenzt werden. Um Pflanzen einzusetzen, harken Sie den Kies an der betreffenden Stelle einfach zur Seite. Nachher bestreuen Sie den Boden wieder bis dicht an die Wurzeln der Pflanzen mit Kies.

Anlegen einer Zufahrt oder eines Gartenweges

Wenn Sie eine Zufahrt oder einen Weg aus losem Kies anlegen wollen, sollten Sie mit der seitlichen Befestigung beginnen. Als Randbegrenzung können Sie beispielsweise Ziegel, Kunststein oder druckimprägniertes Holz verwenden. Die Begrenzung sorgt dafür, daß der Schotter nicht auf den angrenzenden Beeten und Rasenflächen verteilt wird. Gegenüber einem Kiesbeet nimmt die Anlage eines Weges mehr Zeit in Anspruch, da Sie neben der Anlage der Randsteine zunächst ein etwa 5 cm tiefes Bett aus Schotter anlegen und verdichten müssen.

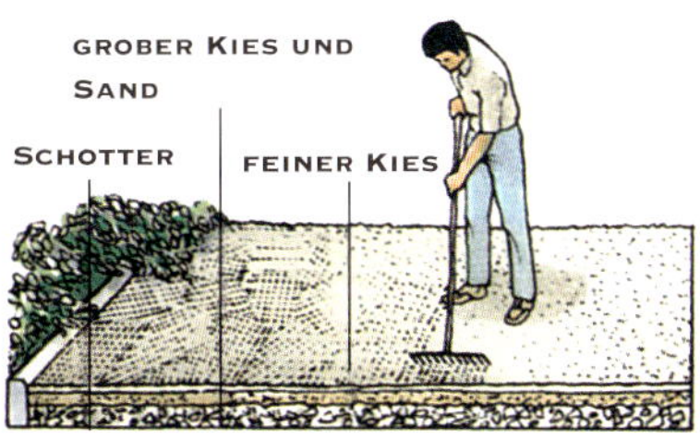

Bei einer Zufahrt müssen der Untergrund und das Schotterbett verdichtet werden, da die Räder des Wagens sonst den Weg aufwühlen würden. Legen Sie ein 15 cm tiefes Bett aus Schotter, das mit einer 5 cm hohen Schicht aus grobem Kies und Sand bedeckt wird. Verdichten Sie das Bett mit der Walze und verteilen Sie darauf mit der Harke eine etwa 2 bis 2,5 cm dicke Schicht feinen Kies. Verdichten Sie auch diese Schicht mit der Walze.

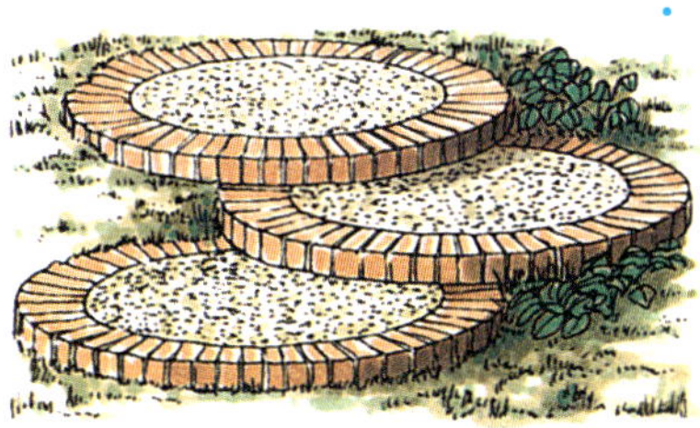

RUNDE TRITTZONEN

Unregelmässige Ränder

Weil Kieswege sich sehr einfach gestalten lassen, können Sie leicht gekrümmte oder fließende Formen realisieren. Eine Hanglage auf diese Weise mit terrassenartigen Stufen zu versehen fällt nicht schwerer als die Anlage einer ähnlichen Konstruktion mit konventionellen Pflastermaterialien. Trotzdem sollten Sie damit rechnen, daß selbst das Anlegen einer kurzen Reihe von Stufen das gesamte Wochenende beansprucht.

Gekrümmte Stufen anlegen

Um gekrümmte Stufen zu realisieren, sollten Sie die Materialien so auswählen, daß Sie sich die Arbeit möglichst erleichtern. Sie können beispielsweise gekrümmte Fertigbetonsteine als Randbegrenzung verwenden und den Radius der Krümmungen den Randsteinen angleichen. Oder Sie benutzen hochkant gelegte Ziegel, mit denen Sie den Krümmungsverlauf vom Mittelpunkt der Schwelle ausgehend annähern.

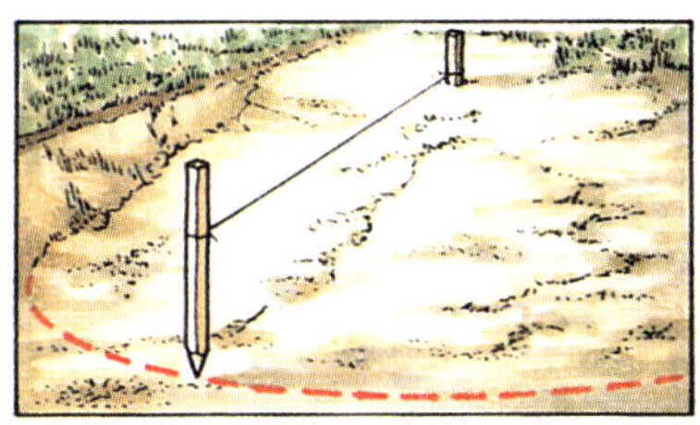

Verwenden Sie eine Schnur und einen in den Boden getriebenen Holzpfahl als Zirkel, um den Verlauf des Randes jeder Schwelle festzulegen. Setzen Sie die Randsteine auf ein Fundament aus Schotter oder Betonplatten. Nach Konstruktion einer Randbegrenzung füllen Sie die gesamte Stufe mit Schotter an und lassen eine Schicht von etwa 2,5 cm für den Kies frei.

Runde Trittzonen

Um kreisrunde Trittzonen anzulegen, bauen Sie zunächst die Randbegrenzung aus Ziegeln auf und füllen die Fugen mit Mörtel. Wenn der Mörtel fest ist, füllen Sie den Kreis mit Schotter und verdichten diesen, bevor Sie bis an die Oberkante der Randsteine Kies aufbringen.

4

PROJEKTE FÜR EIN WOCHENENDE

ZEIT: EIN WOCHENENDE

EINE SICHTSCHUTZWAND AUS HOLZPANEELEN ERRICHTEN

Holzpaneele, die an Pfosten festgenagelt werden, sind in jedem Gartencenter erhältlich. Vermutlich liegt es an der einfachen Handhabung, daß sie so beliebt sind. Die Holzpaneele sind 1,8 m breit und in einer Höhe von ungefähr 60 cm bis 180 cm in Abstufungen von 30 cm erhältlich. Die am weitesten verbreitete Variante ist aus ineinander verflochtenen Holzstreifen aufgebaut, die in einen Rahmen aus Kanthölzern eingespannt sind. Es gibt moderne Varianten mit glatten Kanten und im rustikalen Look, darunter auch solche, bei denen die Rinde an den Kanten belassen wurde.

Erforderliches Werkzeug

- Zimmermannshammer
- Fuchsschwanz
- Bohrmaschine und Zubehör
- Schraubendreher
- Spaten oder Pfostenbohrer
- Wasserwaage
- Maurerkelle

Pfostenbohrer
Dieses spezielle Werkzeug erleichtert die Arbeit erheblich, wenn Sie eine längere Reihe von Holzpaneelen setzen wollen.

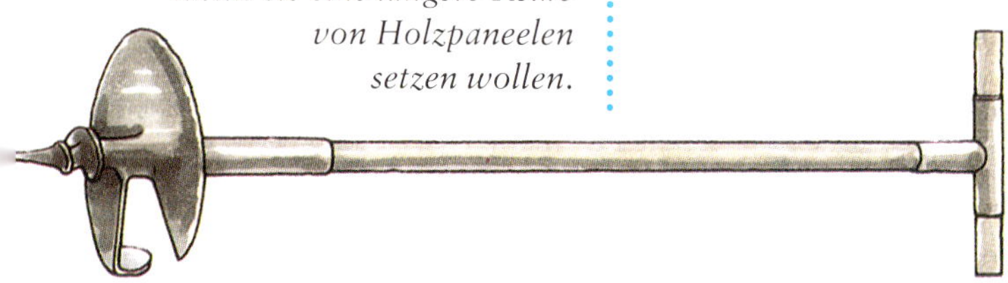

Geflochtene Sichtschutzwände
Diese Wände sind recht preisgünstig und bieten einen guten und langlebigen Sichtschutz. Wenn es Ihnen vor allem um letzteres geht, sollten Sie ein Modell wählen, bei denen sich die Streifen überlappen.

Errichten der Pfosten

Treiben Sie an den beiden Enden der geplanten Reihe von Sichtschutzwänden je einen Pfosten in den Boden und verbinden Sie beide mit einer Schnur. Wenn der Zaun auf einem gepflasterten Teil des Gartens errichtet werden soll, sollten Sie im Bereich jedes Pfostens soviel Steine herausnehmen, daß Sie dort bequem ein Loch ausschachten können. Liegt unter den Steinen ein Betonfundament, dann müssen Sie die Stelle mit Hammer und Meißel vom Beton befreien.

Ausheben der Löcher

Die Pfosten sollten für einen festen Halt etwa zu einem Viertel in der Erde sitzen. Für eine Sichtschutzwand von 180 cm Höhe benötigen Sie also Pfosten von 240 cm Länge und Löcher von 60 cm Tiefe. Sie können auch einen Pfostenbohrer verwenden, um den Mutterboden wegzunehmen. Drehen Sie das Werkzeug in den Boden hinein und ziehen Sie es alle 15 cm mit der Erde heraus. Denken Sie daran, daß in dem Loch auch genug Platz für das Fundament aus Schotter sein muß.

Setzen des ersten Pfostens

Pressen Sie eine Lage Schotter (oder Bruchsteine) in das Loch. Diese Schicht dient zur Drainage und erhöht außerdem die Standsicherheit. Es ist von Vorteil, wenn Sie einen Helfer haben, während Sie den Pfosten mit einigen Pflöcken und angenagelten Latten sichern (für Betonpfosten eignen sich Spannseile besser). Überprüfen Sie die Ausrichtung mit der Wasserwaage.

Einbetonieren des Pfostens

Füllen Sie Schotter ein und verdichten Sie ihn bis in etwa 30 cm Tiefe. Mischen Sie einen trockenen Beton aus einem Teil Zement, zwei Teilen Sand und drei Teilen Kies. Füllen Sie den Beton mit einer Maurerkelle ein und verdichten Sie ihn mit einem Kantholz.

Fertige Sichtschutzwand
1 Pfosten
2 Paneele im Rustiklook
3 Stosskante
4 Decklatte
5 Abschluss

Befestigen der Holzpaneele

Stellen Sie die Wand auf Steine. Es ist unumgänglich, daß jemand die Wand festhält, während Sie sie mit Nägeln oder Krampen an den Pfosten befestigen.

Schräg nageln
Die Nägel werden schräg durch die senkrechten Latten des Rahmens in den Pfosten getrieben. Geben Sie vorher mit dem Hammer einen kurzen Schlag auf die Spitze jedes Nagels, damit sich das Holz beim Nageln nicht spaltet.

Bau des Zaunes
Die Pfosten und Holzpaneele werden wechselweise gesetzt, damit keine Lücken entstehen. Wenn der Zaun bis zum Boden reichen soll, können Sie den Spalt unterhalb der Holzpaneele mit einem druckimprägnierten Brett schließen, das mit Metallwinkeln befestigt wird. Während manche Holzpaneele bereits ab Werk mit Decklatten versehen sind, müssen diese bei anderen jetzt festgenagelt werden.

Verwendung von Blechwinkeln
Statt Nägel zu verwenden, können Sie die Sichtschutzwand auch mit rostfreien Winkeln an den Pfosten befestigen. Bohren Sie gegebenenfalls vor und verwenden Sie rostfreie Schrauben.

Anfüllen des Betonsockels
Zum Abschluß sollten die Pfosten ausgerichtet und mit Keilen gesichert werden, um das Loch mit Beton aufzufüllen. Dabei sollte das Loch bis knapp über den Rand gefüllt werden, da sich sonst Regenwasser ansammelt, was zu Fäulnis führt. Falls Sie nicht von beiden Seiten am Zaun arbeiten können, werden Sie die Pfosten einen nach dem anderen direkt nach dem einsetzen einbetonieren müssen. Lassen Sie den Beton eine Woche durchhärten, bevor Sie die Stützen entfernen.

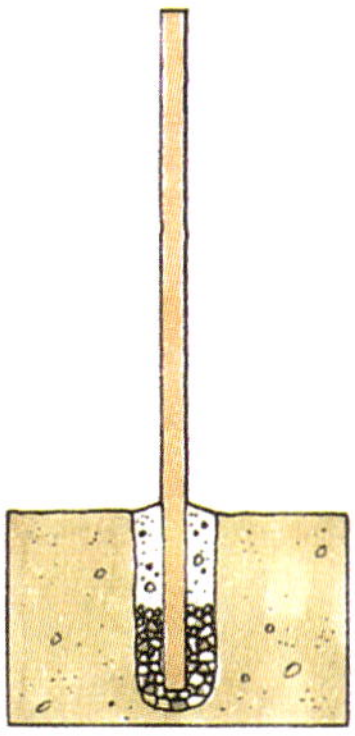

Errichten einer Sichtschutzwand aus Holzpaneelen

1 Loch für den Pfosten graben
2 Holzpaneele auf Steine stellen
3 Ausrichten der Holzpaneele
4 Befestigen der Holzpaneele am Pfosten
5 Unterer Abschluss mit Brett
6 Befestigen der Deckleisten
7 Befestigen der Abschlussstücke
8 Löcher mit Beton füllen

Betonpfosten mit abgeschrägtem Abschluss

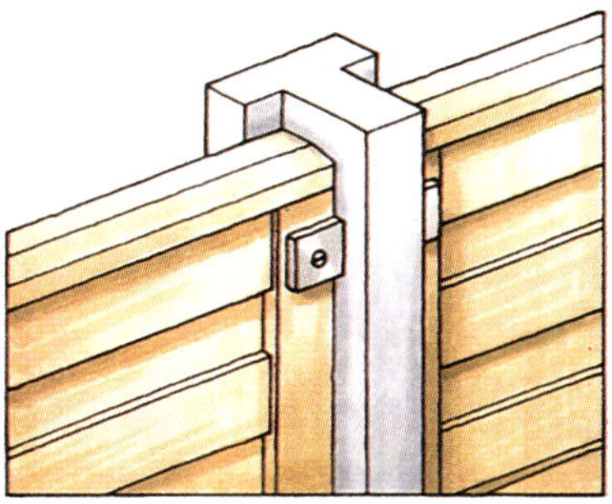

T-förmiger Betonpfosten

TIP

Verwenden Sie Betonpfosten

Fertige Pfosten aus Beton sind witterungsbeständig und direkt mit Befestigungsmöglichkeiten für die Holzpaneele versehen. Dasselbe gilt für Pfosten aus Recyclingkunststoff, die überdies sehr einfach zu handhaben sind.

Bei Grundstücken mit Hanglage

Wenn Sie hier einen Zaun aus Holzpaneelen errichten wollen, benötigen Sie längere Pfosten.

Stufe zum Nachbargarten

Wenn der Garten Ihres Nachbarn höher gelegen ist, sollten Sie die Kante durch einen Stützwall aus Ziegeln oder hochkant gestellten Betonplatten sichern, damit der Mutterboden nicht durch Erosion auf Ihr Grundstück geschwemmt wird.

Ausgleichen eines Gefälles

Die Pfosten müssen auch dann genau senkrecht gesetzt werden, wenn Sie einen Zaun auf einem Grundstück mit Hanglage errichten. Die Holzpaneele sollten in Stufen verlaufen, wobei die dreieckigen Freiräume mit einem druckimprägnierten Brett oder einer Sockelmauer abgeschlossen werden können.

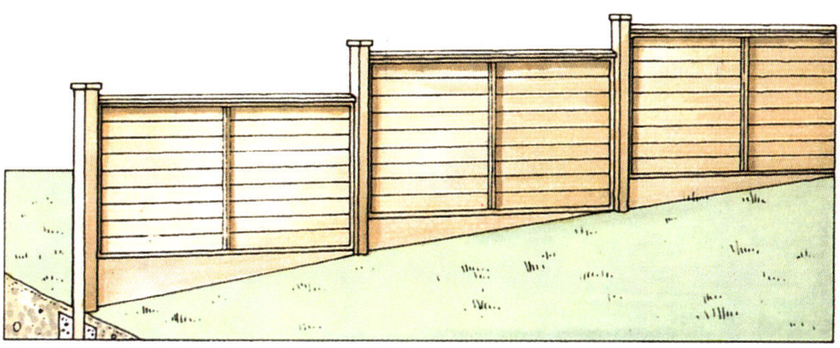

ZEIT: EIN WOCHENENDE

BAU EINER SICHTSCHUTZWAND AUS ORNAMENTGITTERSTEINEN

Ein teildurchlässiger Sichtschutz wahrt Ihre Privatsphäre, ohne die Terrasse enger erscheinen zu lassen oder sie zu überschatten. Er ist verhältnismäßig leicht zu bauen, wenn man Ornamentgittersteine aus Fertigbeton verwendet, die 30 x 30 cm groß und 10 cm dick sind. Da diese Steine nicht wie eine normale Mauer aus Ziegel oder Stein mit Mörtel zusammengesetzt werden, muß zusätzlich eine Stützkonstruktion aus Hohlblöcken von 20 x 20 cm gebaut werden.

Erforderliches Werkzeug

- Maurerkelle
- Lotschnur
- Hammer
- Maurerkreide
- Hammer
- Hacke
- Schaufel
- Spaten
- Wasserwaage

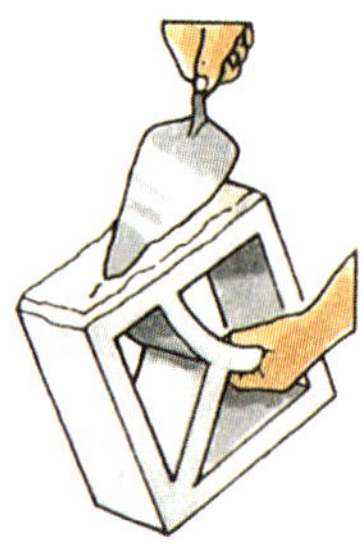

ORNAMENTGITTERSTEIN AUS BETON

Entwurf eines Sichtschutzes

Der Bau eines solchen Sichtschutzes gehört zu den Arbeiten, die Sie nicht an einem Wochenende fertigstellen können. Das liegt hauptsächlich daran, daß in einigen Bauphasen Mörtel oder Beton verwendet wird, der durchhärten muß, bevor Sie weitermachen können. Natürlich hängt es auch von der Höhe und Länge der Mauer ab, wieviel Zeit die Arbeiten in Anspruch nehmen.

Weil die Blöcke nicht im Verbund gemauert werden, müssen die einzelnen Lagen an den Kantensteinen mit 50 mm breiten Winkeln oder 16 mm starkem Rundeisen befestigt werden. Falls der Sichtschutz höher als 60 cm werden soll, müssen die Blöcke in der Waagerechten durch Einlegen eines verzinkten Drahtgitters gestützt werden. Die Kantsteine sollten nicht weiter als 3 m voneinander entfernt stehen.

Wie alle Außenmauern sollte auch diese auf einem festen Betonfundament errichtet werden. Falls dieses nicht bereits durch die Terrasse besteht, werden Sie sich die Mühe machen müssen, ein 40 cm breites und 50 cm tiefes Fundament zu errichten.

SICHTSCHUTZ AUS ORNAMENTGITTERSTEINEN

Siehe auch:
Mauerwerk reparieren, Seite 67

BAU DES FUNDAMENTS

Für eine nicht allzu schwere Mauer genügt ein einfaches Betonfundament, das in einen rechtwinklig ausgehobenen Graben gesetzt wird. Das Erdreich muß fest und trocken sein, da sonst Witterungsschäden auftreten können. Außerdem sollte man davon absehen, Fundamente auf einem Untergrund anzulegen, der erst vor kurzer Zeit wegen baulicher Maßnahmen mit Schutt oder anderen Materialien angefüllt wurde. Achten Sie darauf, daß an der ausgewählten Stelle keine Baumwurzeln oder Abflußrohre verlaufen. Falls sich der Graben während des Aushebens mit Wasser füllt, sollten Sie einen Fachmann konsultieren. Wenn der Boden bis zur geplanten Tiefe noch nicht ausreichend fest erscheint, sollten Sie den Graben tiefer ausheben und mit verdichtetem Schotter bis zur erforderlichen Höhe anfüllen.

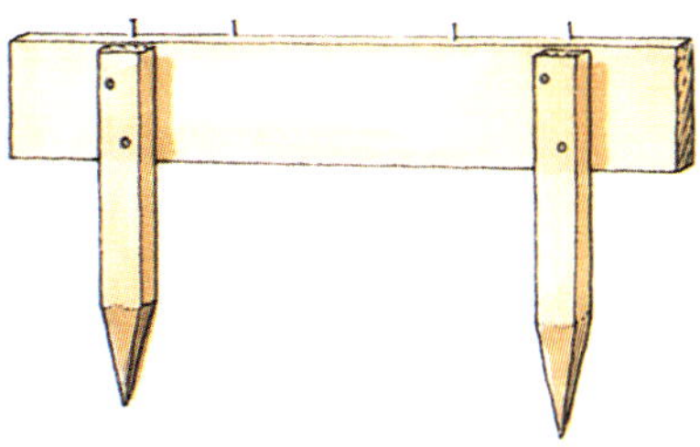

BRETT ZUR ENDMARKIERUNG

Planung des Fundaments

Um das Fundament exakt abzustecken, sollten Sie zunächst zwei Endmarkierungen aus Brettern von 25 mm Stärke bauen, an die jeweils zwei Pflöcke genagelt werden. Schlagen Sie die Endmarkierungen so weit von den Enden der geplanten Mauer entfernt in den Boden, daß Sie genug Raum zum arbeiten haben.

1 *Schlagen Sie kleine Nägel in den oberen Rand des Bretts ein, an denen das Lotseil festgeknotet wird, um den Umriß der Mauer zu markieren. Ein Stück außerhalb dieser Markierung werden wieder Nägel eingeschlagen, um den Verlauf des Fundaments festzulegen. Überprüfen Sie die Markierungen genau und entfernen Sie schließlich die innere.*

2 *Übertragen Sie mit Hilfe einer Wasserwaage die Markierung für das Fundament auf den Boden. Das Ende des Fundaments sollte mindestens 60 cm Abstand zu den eingeschlagenen Endmarkierungen haben. Stechen Sie den Rand des Fundaments mit dem Spaten ab und entfernen Sie das Seil. Die Endmarkierungen verbleiben im Boden.*

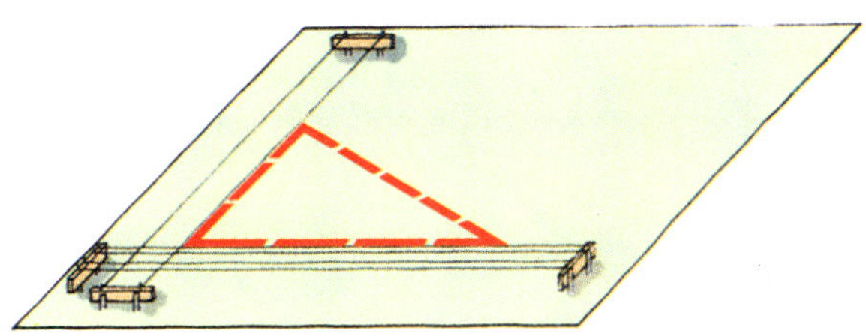

3 *Falls Ihre Mauer im rechten Winkel weiterverlaufen soll, schlagen Sie auch hier zwei Endmarkierungen in den Boden. Messen Sie genau nach, ob die Markierungen für beide Teile der Mauer im rechten Winkel zueinander stehen. Sie können dazu einfach das Teilungsverhältnis des rechtwinkligen Dreiecks mit den Seitenverhältnissen 3:4:5 verwenden.*

Ausheben des Grabens

Heben Sie den Graben aus. Schlagen Sie an einem Ende des Grabens einen Holzpfahl so weit in den Grund des Grabens, daß sein oberes Ende gerade eben nicht herausragt. Weitere Holzpfähle werden auf diese Weise im Abstand von jeweils einem Meter angebracht.

Um die genaue Position der Führungssäulen zu ermitteln, sollten Sie zunächst die Seile nachspannen. Halten Sie eine Wasserwaage an und zeichnen Sie die Position mit Kreide auf den Beton.

Rundstäbe aus Eisen anbringen

Zur Verstärkung des Fundaments werden in regelmäßigen Abständen Rundstäbe aus Eisen in den Boden geschlagen. Richten Sie die Stäbe genau senkrecht aus und sichern Sie sie bis zum Anfüllen mit einer Seilverspannung.

Anfüllen des Fundaments

Mischen Sie den Beton (1 Teil Zement: 2,5 Teile Sand: 3,5 Teile Kalk). Schütten Sie den Beton in den Graben und verdichten Sie ihn mit einem Kantholz, bis die Oberfläche mit den Pfählen abschließt. Kontrollieren Sie, ob die Eisenstäbe noch am Platz sind. Lassen Sie den Beton gründlich abbinden. Da dies mindestens drei Tage dauern wird, sollten Sie den Beton mit einer Kunststoffplane abdecken, sobald die Oberfläche hart ist. Sichern Sie die Folie mit Steinen und lassen Sie den Beton ruhen, bis Sie Zeit für den nächsten Arbeitsschritt haben.

1 *Legen Sie den ersten Randstein über den Eisenstab. Er wird durch Mörtel mit dem Betonfundament verbunden. Achten Sie darauf, daß der Stein genau ausgerichtet ist. Füllen Sie das Innere des Steins mit Mörtel oder Beton und setzen Sie auf gleiche Weise zwei weitere Steine darauf, die ebenfalls mit Beton gefüllt werden. Die Gesamthöhe muß genauso groß sein wie zwei Reihen der Ornamentgittersteine. Überprüfen Sie, ob die Konstruktion lotrecht ist.*
Mauern Sie nun auch die anderen Führungssäulen hoch, wobei die innenliegenden an beiden Seiten Nuten für die Lochsteine aufweisen. Glätten Sie die Fugen (Beton ergibt glattere Fugen als Mörtel) und lassen Sie den Mörtel über Nacht aushärten.

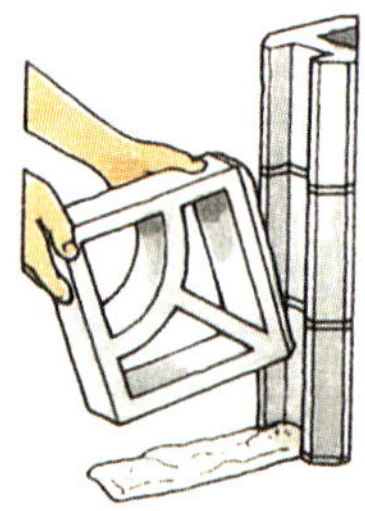

2 *Versehen Sie das Fundament mit einer Schicht Mörtel, um den ersten Ornamentgitterstein zu setzen. Streichen Sie Mörtel auf die senkrechte Kante des Ornamentgittersteins und pressen Sie ihn in die Führungsnut der Randsäule.*

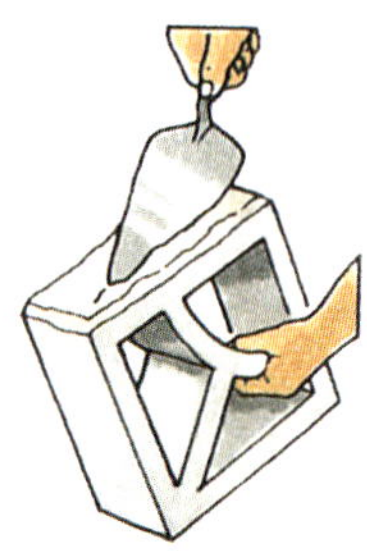

3 *Versehen Sie den nächsten Ornamentgitterstein mit Mörtel und setzen ihn auf das Fundament. Achten Sie darauf, daß die Sichtflächen der Ornamentgittersteine frei von Mörtel bleiben, indem Sie eine richtig dosierte Menge aufbringen.*

4 *Legen Sie auf gleiche Weise an der nächsten Führungssäule zwei Steine. Überprüfen Sie mit einem Seil die Höhe der Konstruktion. Arbeiten Sie nun auf die Mitte zu und achten Sie darauf, daß alle senkrechten Fugen genau ausgerichtet sind. Auf der Oberseite der zweiten Lage legen Sie über die gesamte Länge ein Bett aus Mörtel an, in das ein verzinktes Streckgitter gelegt wird, bevor Sie mit der nächsten Reihe beginnen.*

5 *Mauern Sie bis maximal zur vierten Lage hoch. Dort bringen Sie wieder einen Streifen des Streckgitters auf, bevor Sie die Decksteine legen und Abschlüsse der Säulen anbringen.*

Mauern Sie nicht zu hoch

Auf diese Weise können Mauern bis zu zwei Meter Höhe gebaut werden. Dabei sollten Sie allerdings nach jeweils vier Lagen den Mörtel über Nacht durchhärten lassen, bevor Sie weitermachen.

TIP

Heller Mörtel

Falls Ihnen die dunkle Farbe normalen Mörtels nicht zusagt, sollten Sie sich möglichst hellen Sand beschaffen.

ZEIT: EIN WOCHENENDE

BAU EINER TROCKENMAUER

Der Bau einer Mauer aus Natursteinen stellt vollkommen andere Anforderungen als die Arbeit mit Ziegeln oder Betonelementen. Eine Trockenmauer muß genauso fest sein wie eine unter Anwendung von Mörtel gebaute. Ihr visueller Reiz liegt jedoch in der Unregelmäßigkeit des Verlaufs. Verwendet man unbehauene Natursteine unterschiedlichster Größe, dann kann von einem Fugenverlauf eigentlich nicht mehr die Rede sein.

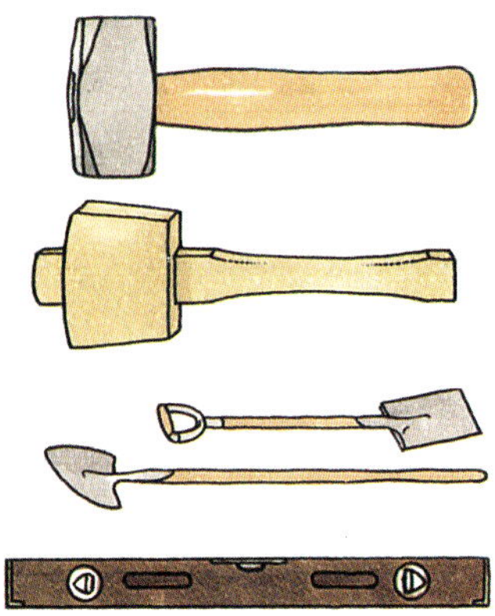

Erforderliches Werkzeug

- Lotseil
- Fäustel
- Hammer
- Mauerhacke
- Spaten
- Wasserwaage
- Wurzelbürste

PLANUNG DER MAUER

Eine gut gebaute Steinmauer wird auch ohne Verwendung von Mörtel sehr standfest sein, obwohl man Mörtel verwenden könnte, um die Stabilität zu erhöhen. Die meisten Natursteinmauern sind unten mit recht großen Steinen aufgebaut und verjüngen sich zunehmend nach oben hin. Diese traditionelle Bauweise wurde für Weidebegrenzungen erfunden, wo eine Mauer nicht nur heftigen Windstößen ausgesetzt ist, sondern auch dem Ansturm der Tiere widerstehen muß. Da der Naturlook sich nicht aufdrängt, paßt eine solche Mauer ganz besonders in einen weniger streng designten, leicht verwilderten Garten.

Siehe auch:
Bau des Fundaments, Seite 83

Eine echte Trockenmauer wird ohne Mörtel gebaut und erhält ihre Festigkeit ausschließlich durch die genaue Auswahl und Platzierung der Steine. Man benötigt einiges an Erfahrung, um ein perfektes Ergebnis zu erzielen – allerdings gibt es keinen Grund, warum man auf die Verwendung von Mörtel verzichten muß. Werden nur die Steine im Kern festgemörtelt, ist das Resultat optisch von einer echten Trockenmauer nicht zu unterscheiden. Man kann auch Mutterboden als Mörtel verwenden, was den Vorteil hat, daß die Fugen Halt für die Wurzeln von Kletterpflanzen bieten, die man bereits während der Bauphase einsetzen kann.
Bei der Auswahl der Steine sollten Sie darauf achten, daß Sie ein Sortiment unterschiedlichster Größen erhalten, wobei die Steine aber möglichst flach sein sollten. Zumindest die unterste Lage sollte in regelmäßigen Abständen einige Steine enthalten, die über die gesamte Breite der Mauer reichen. Diese Steine sind für den Halt der Mauer sehr wichtig, da sie der Masse aus losen Steine eine gewisse, durchgehende Struktur geben.
Selbst kleine Mauern enthalten oft recht große Steine. Bei der Arbeit sollten Sie ihren Rücken durchdrücken und die Füße eng nebeneinander setzen, damit die kräftige Beinmuskulatur die Last auf sich nimmt.

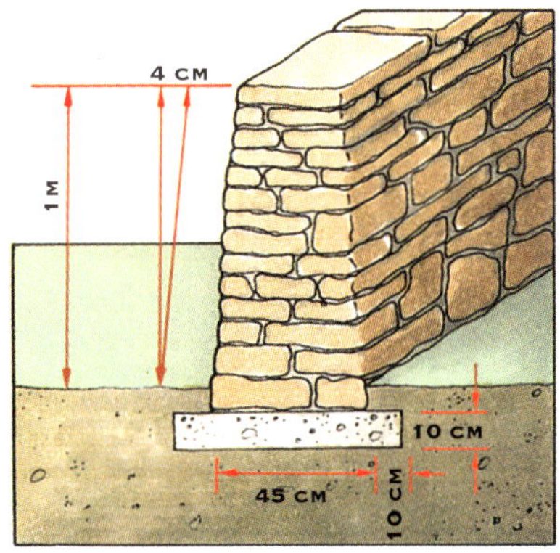

Bau einer sich verjüngenden Mauer
Eine Trockensteinmauer muß sich von einer breiten Basis aus nach oben hin verjüngen. Bei einer Mauer von etwa 1 Meter Höhe – höhere Konstruktionen sind ein riskantes Unterfangen – sollte die Basis mindestens 45 cm breit sein. Die Neigung der Wände sollte alle 60 cm mindestens 2,5 cm betragen.
Bei der traditionellen Bauweise steht die Mauer auf einem 10 cm tiefen Bett aus festgestampftem Sand, das in einem flachen Graben untergebracht ist. Für einen festeren Sitz sollten Sie ein Betonfundament von 10 bis 15 cm Stärke anlegen. Es sollte an jeder Seite etwa 10 cm über die unterste Lage der Mauer hinausragen.

1 *Wenn Sie Mutterboden als Mörtel verwenden wollen, verteilen Sie eine etwa 2,5 cm dicke Schicht über dem Fundament. Legen Sie einen Stein in den Graben, der nach Möglichkeit über die gesamte Breite der Mauer gehen sollte.*

2 *Legen Sie den Rest des Grabens mit Steinen aus, die etwa die gleiche Höhe haben wie der erste. Drücken Sie sie fest in den Mutterboden, um ihnen Halt zu verleihen. In dieser Phase erweist es sich als hilfreich, mit einem gespannten Seil die Höhe der ersten Lage zu kontrollieren. Füllen Sie die Zwischenräume mit kleinen Steinen und pressen Sie anschließend Mutterboden in alle Fugen.*

3 *Legen Sie auf der Oberfläche der ersten Lage einen zweite Schicht Mutterboden an. Die zweite Lage wird, soweit möglich, im Verbund zur ersten gemauert. Zur Mitte hin sollten sich die Steine leicht neigen. Prüfen Sie, ob die Höhe gleichmäßig ist und fügen Sie in regelmäßigen Abständen wieder Steine ein, die über die gesamte Breite der Mauer gehen.*

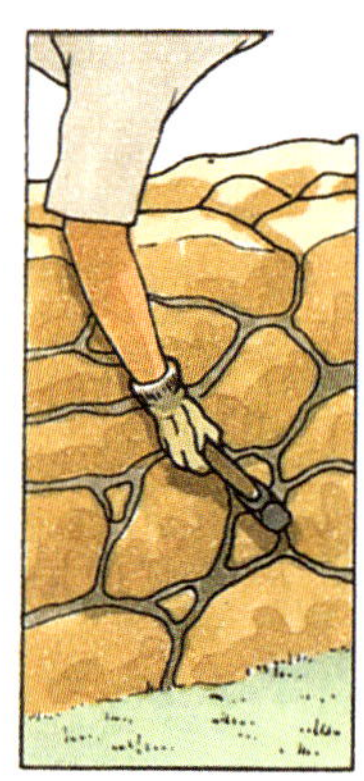

4 *Setzen Sie Pflanzen in die größeren Fugen ein oder schlagen Sie hier kleine Steine als Keile ein, um der Mauer zusätzliche Festigkeit zu verleihen. Die Oberseite der Mauer kann im Innenbereich mit Mutterboden versehen werden, um sie zu bepflanzen. Sie können sie aber auch mit flacheren Decksteinen belegen, die wieder mit Mutterboden vermörtelt werden. Abschließend entfernen Sie den losen Mutterboden mit der Bürste.*

FOTO RECHTS:
TERRASSENGARTEN MIT NIEDRIGEN STÜTZMAUERN **(SIEHE SEITE 90)**

STÜTZMAUERN BAUEN

ZEIT: EIN WOCHENENDE

Ein Grundstück mit Hanglage kann in einen sehr dekorativen Garten verwandelt werden, wenn man terrassenartige Stufen anlegt und diese üppig bepflanzt. Ein derartiges Projekt nimmt in Abhängigkeit von der Anzahl der Stufen sicher etliche Wochenenden in Anspruch, zumal man für die Mauern Fundamente aus Beton errichten muß, die vor dem nächsten Arbeitsgang erst durchhärten müssen.

Erforderliches Werkzeug

- Maurerkelle
- Lotseil
- Fugenglätter
- Hammer
- Holzhammer
- Hacke
- Schaufel
- Spaten
- Wasserwaage

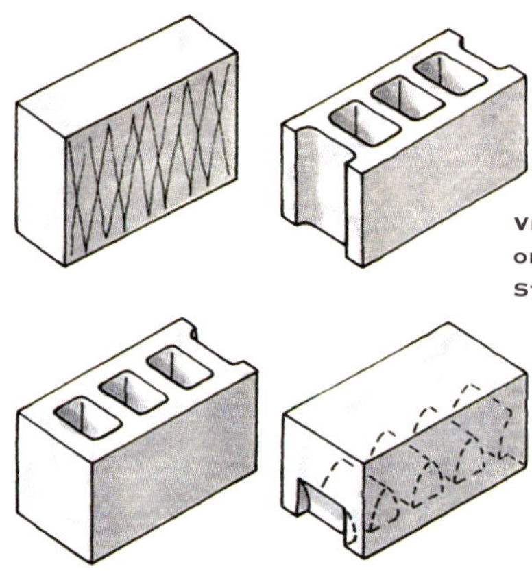

VERWENDEN SIE MASSIVE ODER HOHLSTEINE, UM DIE STÜTZMAUERN ZU BAUEN.

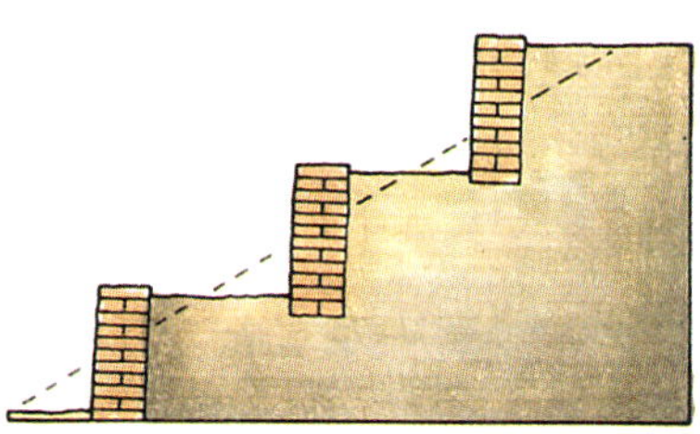

STUFENFÖRMIG GESETZTE MAUERN FÜR TERRASSENGARTEN

Auswahl des Materials

Sowohl Ziegel als auch Betonsteine sind geeignete Materialien für eine Stützmauer, wenn die Konstruktion nur solide genug ist. Stützmauern sollten am besten mit Eisenstäben verstärkt werden, die in einem Fundament aus Beton sitzen. Entweder legt man Hohlsteine über die Eisenstäbe oder baut aus massiven Steinen eine doppelte Wand auf. Falls Sie keine große Erfahrung im mauern haben, sollten Sie lieber sachkundige Hilfe einholen bzw. die Mauer gleich von einem Bauunternehmer fertigen lassen. Wegen seines spezifischen Gewichtes ist Naturstein ideal für Stützmauern. Die Mauern sollten sich in diesem Fall nach oben hin verjüngen; die Neigung sollte 5 cm pro 30 cm Wandhöhe betragen, so daß sich die Mauer an die Erdstufe anschmiegt. Aus Sicherheitsgründen sollten Sie hier nicht über eine Bauhöhe von 1 Meter hinausgehen. Ein erfahrener Maurer ist sicher in der Lage, eine solche Stützmauer trocken zu mauern, ohne daß ein erhöhtes Einsturzrisiko besteht. Es lohnt sich aber auf jeden Fall, die Mauer durch die Verwendung von Mörtel zu stabilisieren.

Siehe auch:
Bau einer Trockensteinmauer, Seite 86
Bau des Fundaments, Seite 83

BAU DER STÜTZMAUER

VERSCHIEDENE BAUFORMEN FÜR STÜTZMAUERN

EINE STÜTZMAUER AUS HOHLBLÖCKEN

HOHLWAND AUS ZIEGELSTEINEN

DIE STÜTZMAUER SCHMIEGT SICH AN DAS ERDREICH AN

Anlegen des Fundaments

Heben Sie einen Graben aus, der genug Platz für das Fundament bietet. Falls der Boden so locker ist, daß er nachzurutschen droht, sollten Sie ihn mit Brettern oder Wellblech abstützen. Befestigen Sie diese Platten mit Metallspießen am Hang. Legen Sie für jede Stützmauer ein Fundament an und lassen Sie es komplett durchhärten, bevor Sie fortfahren.

Bau der Mauer

Legen Sie die Natursteine wie bei einer Trockenmauer, aber verwenden Sie auf jeden Fall Mörtel. Wenn Sie behauene Steine verwenden, können Sie durch Verwendung verschiedener Größen dafür sorgen, daß die Mauer nicht zu langweilig wirkt. Mauern Sie im Verbund. Hinter der Mauer sollte für eine Drainage gesorgt werden, damit das Erdreich nicht matschig wird. Betten Sie deshalb bei der zweiten Lage Kunststoffrohre von 22 mm Durchmesser in den Mörtel ein, die sich leicht zur freien Seite der Mauer hin neigen sollten. Diese Rohre sollten im Abstand von einem Meter angebracht werden und etwas über die Vorderseite der Mauer hinausragen.

Abschließende Arbeiten

Wenn die Mauer fertiggestellt ist, müssen die Fugen freigekratzt werden, um den gewünschten Natursteinlook zu erhalten. Den Grund der Fugen kann man am besten mit einem alten Pinsel säubern. Bei behauenen Steinen können natürlich auch bündige oder gekehlte Fugen realisiert werden.

Der Mörtel sollte mindestens einen oder zwei Tage durchhärten, bevor Sie den Bereich hinter dem Wall anschütten. Zunächst wird die Umgebung der Drainagerohre mit Schotter angefüllt, darüber legt man Tonscherben. Den Abschluß bildet eine Lage Mutterboden, der sich nach Belieben bepflanzen läßt.

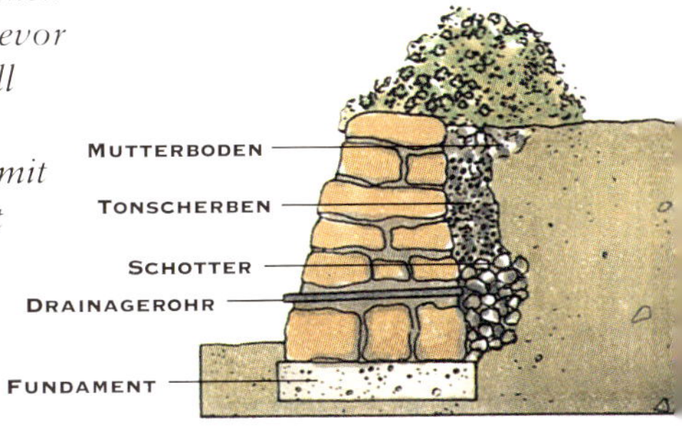

STÜTZMAUER AUS NATURSTEIN

ZEIT: EIN WOCHENENDE

Einen Weg aus Rundhölzern anlegen

Falls ein großer Baum in Ihren Garten gefällt werden mußte oder Sie in einer Gegend leben, wo man sich leicht Abschnitte von Baumstämmen beschaffen kann, können Sie kostengünstig einen praktischen und optisch ansprechenden Fußweg aus 15 cm langen Abschnitten des Stammes anfertigen.
Um das Holz vor dem Verfall zu schützen, sollten Sie die fertig gesägten Rundhölzer über Nacht in Holzschutzmittel tränken.

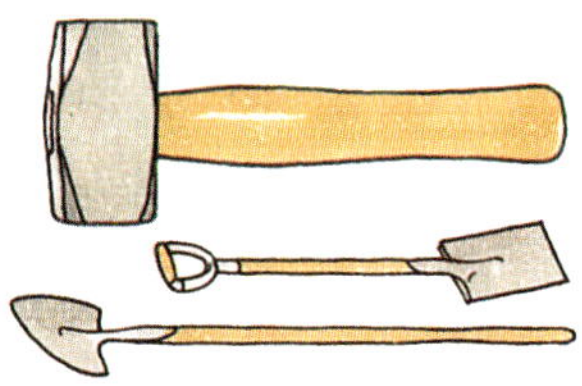

Erforderliches Werkzeug

- Besen
- Fäustel
- Kettensäge
- Hacke
- Rechen
- Schaufel
- Spaten

Anlegen des Untergrunds

Beseitigen Sie entlang des Weges den Mutterboden bis auf eine Tiefe von 20 cm. Legen Sie zuunterst eine 5 cm hohe Schicht aus Schotter und Sand an – Sie können die Mischung im Baustoffhandel bestellen oder selbst herstellen. Nivellieren Sie den Untergrund mit einem Kantholz.

1 *Setzen Sie die Rundhölzer auf das Bett aus Schotter und Sand. Versuchen Sie, durch Anordnung verschiedener Größen ein optisch ansprechendes Muster zu erzielen.*

2 *Stampfen Sie die Rundhölzer fest in das Bett ein. Füllen Sie anschließend die Lücken mit einem Gemisch aus Kies und Sand auf.*

3 *Verteilen Sie den Sand mit dem Besen. Falls eines der Rundhölzer hervorsteht und so eine Stolperfalle bildet, sollten Sie es mit dem Hammer tiefer in den Untergrund schlagen.*

TIP

Bepflanzen der Zwischenräume

Wenn Sie Pflanzen zwischen die Rundhölzer setzen wollen, dann sollten Sie den Sand dort herauskratzen und durch Mutterboden ersetzen.

Stufen aus Holzbohlen

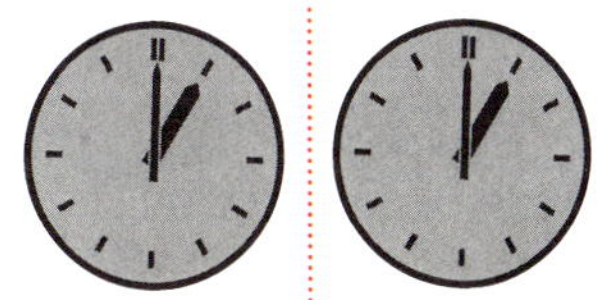

Zeit: Ein Wochenende

Falls Sie sich fertig gesägte Abschnitte von Baumstämmen beschaffen können, läßt sich damit eine dekorative Treppe im Naturlook anlegen, die gut zu allen nicht allzu streng gehaltenen Gärten paßt. Die Stufen sollten eine gleichmäßige Höhe aufweisen, da man sonst leicht stolpert. Da es andererseits kaum möglich ist, Baumabschnitte von genau gleichem Durchmesser zu beschaffen, können Sie bei manchen Stufen auch zwei oder drei dünnere übereinanderlegen. Sie können jedoch auch druckimprägnierte Holzbohlen im Gartencenter kaufen.

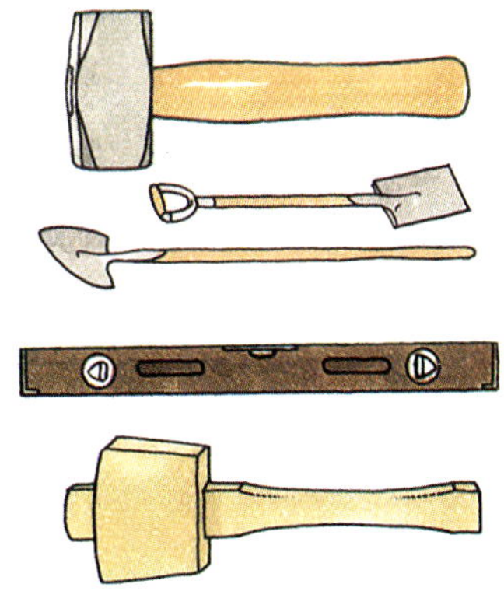

Erforderliches Werkzeug

- Fäustel
- Beil
- Bügelsäge
- Hammer
- Schaufel
- Spaten
- Wasserwaage

1 *Heben Sie einen sich gleichmäßig neigenden Graben aus und verdichten Sie den Untergrund. Treiben Sie am Ende jeder Stufe zwei etwa 7 cm dicke Pfähle in den Boden.*

2 *Legen Sie jeweils eine Holzbohle hinter die Pfähle und pressen Sie diese in den Untergrund.*

3 *Schütten Sie Schotter hinter den Holzbohlen an und gleichen Sie das Gefälle aus. Der Schotter wird von feinem Kies abgedeckt.*

4 *Falls Sie nicht genug große Holzbohlen beschaffen können, sollten Sie kleinere verwenden. Schütten Sie den Schotter entsprechend in mehreren Durchgängen an.*

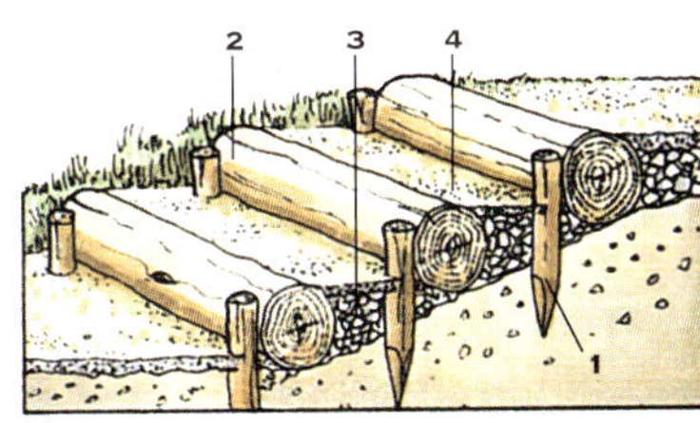

Treppe aus Holzbohlen
1 Pfahl
2 Holzbohle
3 Schotter
4 Kies

Siehe auch:
Holzschutzmittel, Seite 35

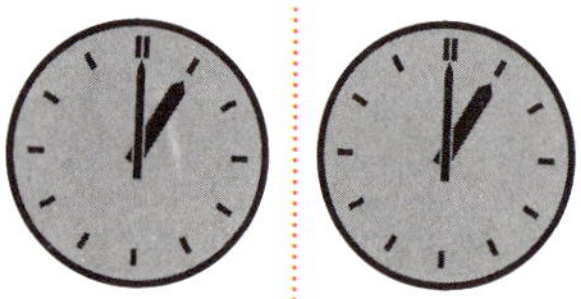

ZEIT: EIN WOCHENENDE

EINE STEINTREPPE ANLEGEN

Einen Garten mit Hanglage zu gestalten eröffnet viele Möglichkeiten zur Erschaffung dekorativer Terrassen und Beete, die durch Stützwälle begrenzt werden. Mit einiger Wahrscheinlichkeit wird man zudem einige Treppenstufen anlegen müssen.

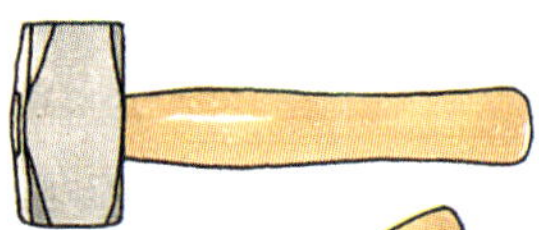

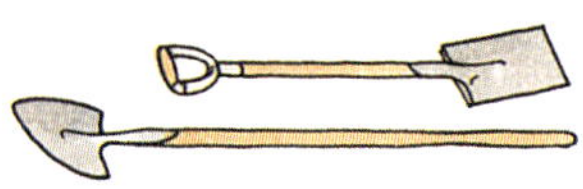

Erforderliches Werkzeug

- Fäustel
- Spitzkelle
- Schaufel
- Spaten
- Wasserwaage
- Maurerkelle

Treppen planen

Damit eine Treppe sicher und bequem zu begehen ist, muß ein bestimmtes Verhältnis zwischen Fläche und Höhe der Stufen eingehalten werden.

Als Faustregel sollten Sie sich merken, daß die Tiefe einer Stufe plus zwei mal die Höhe 65 cm ergeben sollte. Wenn die Stufe also 30 cm tief ist, sollte die Höhe 17,5 cm betragen; bei 35 cm dagegen 15 cm. Grundsätzlich sollten die Stufen mindestens 30 cm tief und nicht höher als 17,5 cm sein.

TREPPE AUS BETONPLATTEN
1 BETONFUNDAMENT
2 ZIEGELKONSTRUKTION
3 SCHOTTER
4 PFLASTERUNG

Siehe auch:
Mauerwerk reparieren, Seite 67

Treppe aus Betonplatten

Betonplatten sind ein ideales Baumaterial für großzügig angelegte Gartentreppen.
Die Unterkonstruktion wird aus Ziegeln gemauert und ist gegenüber dem Rand der Platten etwa 2,5 bis 5 cm zurückversetzt. Dadurch wird eine gefällige Schattenkante realisiert, die sich optisch deutlich abhebt und so zur Sicherheit beiträgt.

1 *Zunächst müssen Sie die Gesamthöhe der Treppe ermitteln, um die Anzahl der Stufen festlegen zu können. Markieren Sie die Position der Stufen mit Holzpfählen und stechen Sie ihre Form grob mit dem Spaten ab.*

2 *Auch als Fundament können Sie Betonplatten verwenden, die in Sand gebettet werden. Andernfalls legen Sie einen Untergrund aus Schotter an und gießen ein 10 bis 15 cm hohes Fundament für die erste Stufe.*

3 *Wenn der Beton ausgehärtet ist, mauern Sie die Unterkonstuktion aus Ziegeln im Kreuzverbund. Die Konstruktion muß genau mit der Wasserwaage ausgerichtet werden.*

4 *Der Bereich hinter der Unterkonstruktion wird mit Schotter aufgefüllt, der anschließend verdichtet werden muß. Die Betonplatte wird mit Mörtel befestigt. Halten Sie eine Wasserwaage an die Platte und klopfen Sie sie fest, bis sie eine leichte Neigung nach vorne aufweist. Dadurch kann das Regenwasser ablaufen und es bildet sich im Winter kein Eis auf den Stufen.*

5 *Die Lage der nächsthöheren Stufe wird von der Vorderkante der Betonplatte aus ermittelt. Die letzte Stufe sollte auf gleicher Ebene mit dem dort vorhandenen Untergrund – Rasen oder Wegpflasterung – liegen.*

TIP

Bepflanzung am Rand

Eine dichte Bepflanzung am Rand verhindert, daß die Treppe bei Regen von gelöster Erde überschwemmt wird. Man kann jedoch auch den Rand mit Steinen einfassen, die beispielsweise in einen dekorativen Steingarten übergehen.

ZEIT: EIN WOCHENENDE

Einen gepflasterten Parkplatz anlegen

Es gibt keinen Grund, warum der Einstellplatz für Ihren Wagen nur einen trostlosen Flecken Beton darstellen sollte. Pflastersteine werden in allen möglichen Farbvariationen und Formen angeboten und man kann sie mit ein wenig Geduld zu schönen Mustern verlegen.

Für kleine Wege und Terrassen werden häufig normale Ziegel verwendet, die sich aber nicht für die erhöhte Beanspruchung eines Stellplatzes oder einer Zufahrt eignen. Für eine dauerhafte Oberfläche sollten Sie daher auf Steine zurückgreifen, die speziell zu diesem Zweck angeboten werden. Üblicherweise sind diese mit 20 x 10 x 6,5 cm etwas kleiner als normale Ziegel. Neben rot und grau werden im Handel auch andere Farben angeboten oder können ab bestimmten Mindestmengen bestellt werden.

Erforderliches Werkzeug

- Trenngerät für Pflastersteine
- Besen
- Fäustel
- Hacke
- Motorrüttler
- Rechen
- Schaufel
- Spaten
- Maurerkelle
- Wasserwaage

Keramische Pflastersteine

Diese Steine werden in zahlreichen Farbschattierungen und Oberflächentexturen angeboten. Rechteckige Steine sind am einfachsten zu verlegen, aber es gibt auch andere Bauformen.

Siehe auch:
Holzschutzmittel, Seite 35

Muster für Steinpflaster

Steine aus Kunstbeton sind an einer Seite mit geglätteten Kanten versehen und weisen an den Seiten Ausbuchtungen auf, die für gleichmäßige Fugen sorgen.

Einfahrt und Stellplatz aus einfachem Kunststein

Der Parkbereich geht hier in einen pflegeleichten Vorgarten über

Einfassung mit Naturstein und separatem Gehweg

Von oben nach unten:
- Fischgrätenmuster mit gerader Einfassung
- Winkliges Fischgrätenmuster mit gerader Einfassung
- Halbe Steine von ganzen gefasst
- Wechselndes Flechtmuster
- Wechselnder Verbund
- Rattanmuster

Anlegen eines festen Untergrunds

Zunächst wird eine 15 cm dicke Schotterdecke angelegt, auf der eine 5 cm starke Schicht aus Sand liegt. Der Schotter muß sorgfältig verdichtet werden, damit der Sand nicht nachsackt. Zu den Seiten hin sorgt ein leichtes Gefälle dafür, daß das Regenwasser abläuft. Achten Sie außerdem darauf, daß das Wasser nicht am Ende der Einfahrt in das Fundament der Garage bzw. des Hauses eindringen kann.

Randkonstruktion

Wenn die Pflasterung nicht direkt an ein Gebäude grenzt, muß durch eine entsprechende Randkonstruktion für Halt gesorgt werden.

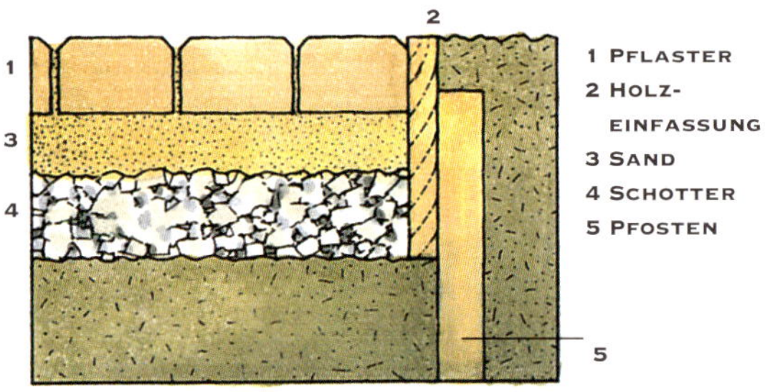

1 Eine Möglichkeit für die Randbegrenzung besteht darin, Schalbretter mit 50-mm-Pfosten abzustützen. Die Schalbretter sollten bündig mit der Oberfläche des Pflasters abschließen, während die Pfosten tiefer im Boden sitzen. Das Holz muß unbedingt vorbehandelt werden.

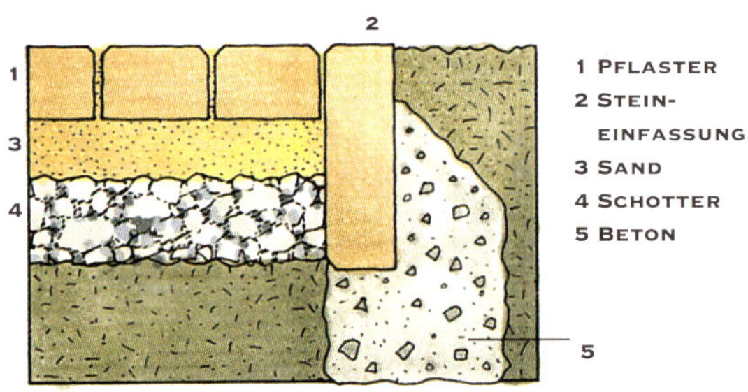

2 Eine bessere Alternative besteht darin, den Rand in Beton zu fassen. Heben Sie einen Graben aus der tief und breit genug ist, um eine hochkant gelegte Reihe Pflastersteine zuzüglich eines 10 cm hohen Betonfundamentes aufzunehmen. Die Steine werden in den feuchten Beton gesetzt und mit einem Schalbrett gesichert, das von in den Boden geschlagenen Pfosten gestützt wird. Wenn der Beton durchgehärtet ist, wird das Brett entfernt und der Graben mit Schotter und Sand aufgefüllt.

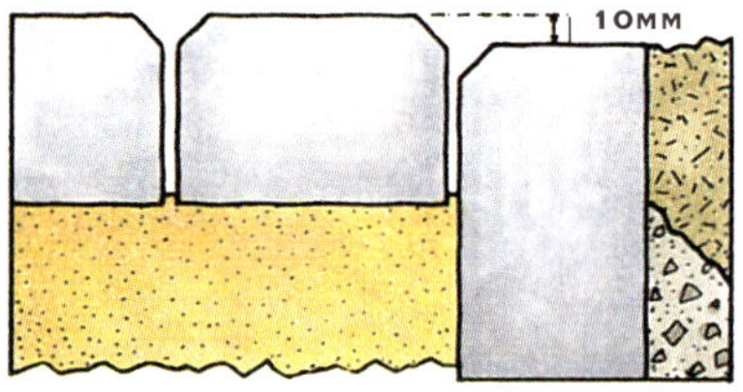

3 Wenn die Steine in den Sand gesetzt werden, sollten Sie darauf achten, daß sie die Randsteine um etwa einen Zentimeter überragen, damit sie nach dem Verdichten nicht zu tief sitzen.

4 Verwenden Sie Kanthölzer, um den Sand exakt zu nivellieren. Legen Sie zwei horizontale Kanthölzer als Führung ein und schieben Sie ein größeres quer darüber. Füllen Sie gegebenenfalls Sand nach. Der Sand muß beim Verlegen des Pflasters unbedingt trocken sein. Falls es zwischendurch regnet, sollten Sie ihn gut durchtrocknen lassen oder trockenen Sand anfüllen, bevor Sie mit dem Pflastern beginnen.

Verlegen des Pflasters

Nachdem der Untergrund entsprechend vorbereitet wurde, können Sie mit dem Verlegen der Steine beginnen.

1 Verlegen Sie zunächst an einem Ende der Baustelle einige Pflastersteine im gewünschten Muster. Betreten Sie auf keinen Fall den Sand und legen Sie ein Brett unter, wenn Sie sich auf die Steine begeben. Verlegen Sie zunächst nur ganze Steine, die verbleibenden Lücken werden mit zurechtgeschnittenen Steinen gefüllt, nachdem Sie 1 bis 2 m2 verlegt haben. Betonsteine werden eng aneinander verlegt, da sie durch entsprechende Ausbuchtungen automatisch auf dem richtigen Abstand gehalten werden.

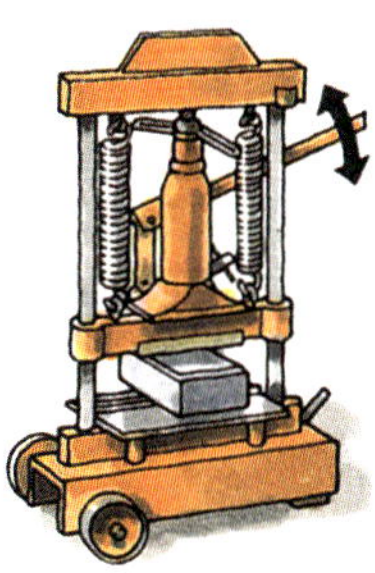

2 Alle verbleibenden Lücken werden mit geschnittenen Steinen gefüllt. Bei größeren Flächen sollten Sie sich eine hydraulisch betriebene Trennmaschine ausleihen.

3 Wenn die Fläche vollständig gepflastert ist, werden die Steine verdichtet. Auch hier sollten Sie auf professionelles Werkzeug zurückgreifen, das von größeren Baustoffmärkten kostengünstig zu leihen ist. Der Rüttler wird zwei bis drei Mal über die Pflasterung geführt, bis die Steine eine durchgehende Oberfläche bilden. Die Vibrationen führen dazu, daß ein Teil des Sandes aus den Fugen herausgetrieben wird. Deshalb sollten Sie die Oberfläche anschließend mit Sand bestreuen und diesen mit dem Straßenbesen in die Fugen einbringen.

Verschachteltes Muster aus Kunststein

ZEIT: EIN WOCHENENDE

Einen Steingarten anlegen

Ein Steingarten verschönert jedes Grundstück, bietet aber auch den Vorteil, daß man beim Anlegen Geröll aus anderen Teilen des Gartens verwerten kann, das sich beispielsweise beim Anlegen eines Teiches angesammelt hat. Der Bau eines Steingartens artet jedoch schnell in harte Arbeit aus, besonders wenn man große Felsen integrieren will. Doch trotz der Mühe lohnt sich das Ergebnis, da es auf vorbildliche Weise zeigt, wie man eigentlich wertloses Geröll dekorativ zur Anwendung bringen kann.

Erforderliches Werkzeug
Bürste
Spaten
Schaufel

Kleine Steingärten
Lassen Sie sich nicht vom Bau eines Steingartens abhalten, nur weil Sie meinen, daß Ihr Garten dafür nicht genug Platz bietet. Eine geglückte Kombination verschiedener Elemente wirkt auch im kleinen Maßstab.

Ein natürlich wirkender Steingarten
Sobald die Pflanzen Wurzeln gefaßt haben, sollte sich der Steingarten optisch nicht zu sehr vom Rest des Grundstücks abheben. Ein „natürliches" Erscheinungsbild wird einzig und allein durch geschickte Plazierung der Steine erzielt.

MATERIAL FÜR STEINGÄRTEN

Es kann extrem kostspielig sein, wenn man sich Natursteine für einen Steingarten in einem Gartencenter kauft. Preisgünstiger sind hohle Imitate aus Kunststein, die so gut wie nicht mehr von echten zu unterscheiden sind, wenn sie erst einmal einige Wochen der Witterung ausgesetzt waren. Die beste Lösung liegt jedoch darin, Natursteine kostengünstig direkt ab Steinbruch zu erwerben.
Da Steine ein hohes spezifisches Gewicht aufweisen, sollten Sie fragen, ob man Ihnen das Material direkt nach Hause liefern kann. Es gibt auch Speditionen, die große Dekorfelsen mit dem Tieflader zustellen.
Übernehmen Sie sich nicht, wenn Sie die Steine herumschleppen – drücken Sie den Rücken durch und stellen Sie die Beine eng zusammen, damit die Last hauptsächlich auf der Beinmuskulatur liegt. Schwere Felsen kann man zu zweit bewegen, indem man Tragseile oder -gurte unterlegt.

BAU DES STEINGARTENS

Wählen Sie jeden einzelnen Stein sorgfältig aus und versuchen Sie, durch Schichten eine möglichst natürliche wirkende Steinlandschaft zu realisieren. Im schrägen Winkel „wild" verlegte Steine wirken dagegen eher wie ein Schutthaufen.

1 *Bauen Sie die Vorderkante des Steingartens aus großen, flachen Steinen auf. Der Bereich hinter und die Lücken zwischen den Steinen werden mit Mutterboden gefüllt. Verdichten Sie den Mutterboden sorgfältig, damit die Wurzeln der Pflanzen nicht in Hohlräume hineinwachsen.*

2 *Legen Sie weitere Schichten auf, die nicht zu regelmäßig verlaufen sollten. Bilden Sie einige hohe Stufen, aber auch sanftere Neigungen. Bürsten Sie während der Arbeit immer wieder die Erde von den Steinen.*

TIP

Raum für Pflanzen

Erdflächen für Steingartenpflanzen bilden sich ganz automatisch, wenn Sie die Anleitung befolgen. Wenn Sie aber größere Beete anlegen wollen, sollten Sie dies von vorne herein einplanen.

ZEIT: EIN WOCHENENDE

Erforderliches Werkzeug

- Meißel
- Fäustel
- Holzhammer
- Hacke
- Pinsel
- Schere
- Schaufel
- Spaten
- Wasserwaage
- Bandmaß
- Maurerkelle
- Schubkarre

Siehe auch:
Eine Kaskade anlegen, Seite 108
Einen Steingarten anlegen, Seite 100
Schutz der Teichfische vor Katzen, Seite 63
Den Gartenteich vor dem Überlaufen sichern, Seite 17

ANLEGEN EINES KLEINEN TEICHES

Nichts belebt einen Garten mehr als ein stehendes oder fließendes Gewässer. Wasserfälle und Springbrunnen üben eine hypnotische Faszination aus und der Klang tröpfelnden Wassers hat einen angenehm beruhigenden Effekt. Selbst der kleinste Teich bietet einen Lebensraum für alle möglichen Tiere und Pflanzen. Außedem kann man sich am Spiegelbild der Büsche und Bäume erfreuen, die das Ufer säumen.

WENIG ARBEIT DURCH FERTIGTEICHE

Es beruht keineswegs auf einem Zufall, daß die Zahl der Gartenteiche in den letzten Jahrzehnten enorm zugenommen hat. Vielmehr ist es dem großen Angebot an Fertigteichen und Schnellmontagesystemen mit Teichfolien zu verdanken, durch die jedermann in wenigen Tagen einen dekorativen Teich anlegen kann. Je nach Größe des Vorhabens reicht ein Wochenende nicht aus, um alle notwendigen Arbeiten vorzunehmen. Aber die Hauptarbeiten sollten im Regelfall nicht mehr als zwei Tage in Anspruch nehmen. Sobald das Wasser einige Zeit im Becken geruht hat – zwei Tage sollten ausreichen – können Sie die Pflanzen einsetzen.

Teichanlage
Dieses verhältnismäßig aufwendige Projekt basiert auf einer Wasserlandschaft, die mit Teichfolie realisiert wurde.

Auswahl des Teiches

Es gibt verschiedene Möglichkeiten, wobei sich die Auswahl an der Größe und Form des Teiches orientiert, den sie realisieren wollen.

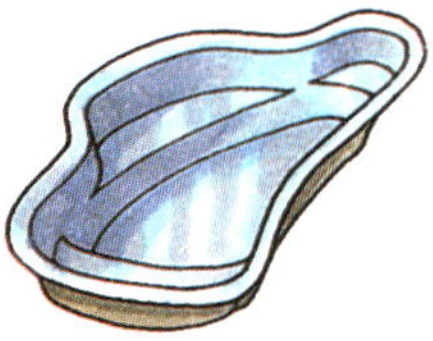

Fertigbecken

Diese aus Kunststoff gefertigten Becken sind bereits mit terrassenartigen Stufen versehen, auf denen man Teichpflanzen und Steine anordnen kann. Manche bieten auch größere flache Bereiche, die sich für Sumpfpflanzen eignen.

Die besten Modelle sind aus glasfaserverstärktem Kunststoff (GFK) gefertigt und deshalb extrem robust – auch gegenüber Frost und Eis. Die preisgünstigeren Modelle aus tiefgezogenem Kunststoff sind allerdings qualitativ kaum schlechter.

Wenn man diese Becken sachgerecht einbaut, sind sie eigentlich unverwüstlich und Leckagen treten nur in Ausnahmefällen auf. Ein dekorativer Wassergarten läßt sich durch Verwendung mehrerer unterschiedlicher Becken aufbauen, die durch Überläufe verbunden sind.

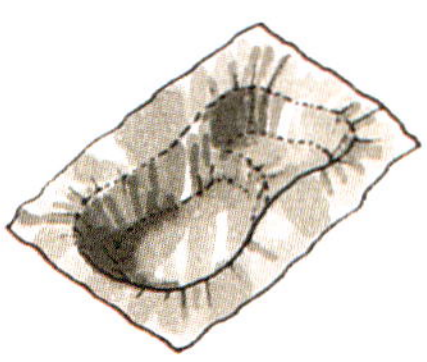

Teichfolie

Wenn Sie einen eigenen Entwurf realisieren wollen, sollten Sie mit Teichfolie arbeiten. Preisgünstige Folien bestehen aus Polyvinylacetat (PVC) oder Polyethylen, widerstandsfähigere dagegen aus leichtem Polyethylen oder nylonverstärktem PVC. Letztere hält etliche Jahre, aber wenn Sie wollen, daß der Teich auch in 50 Jahren noch dicht ist, sollten Sie sich für die besonders dicke Folie aus synthetischem Butylgummi entscheiden. Schwarze und graue Folien werden in verschiedenen Abmessungen bis etwa 6,5 x 10,75 m angeboten, größere Folienabschnitte müssen beim Hersteller bestellt werden.

Größe der Teichfolie

Sie können die Größe nach einer einfachen Faustformel berechnen. Lassen Sie Stufungen und Unregelmäßigkeiten außer Acht und berücksichtigen Sie nur die Länge und Breite. Addieren Sie zu jedem dieser Werte das Doppelte der maximalen Tiefe des Teiches. Manchmal läßt sich einiges einsparen, wenn Sie Ihren Plan so ändern, daß Sie auf eine lieferbare Foliengröße zurückgreifen können.

Entwurf des Teiches

Der Standort des Teiches entscheidet maßgeblich, ob das Wasser auf Dauer biologisch gesund und klar bleibt. Wenn er sich unter größeren Laubbäumen befindet, werden die herabfallenden Blätter im Wasser verfaulen, wodurch die Fische erkranken und sogar sterben können. Die Blätter mancher Bäume sondern überdies giftige Sekrete ab.

Wichtige Masse bei Gartenteichen

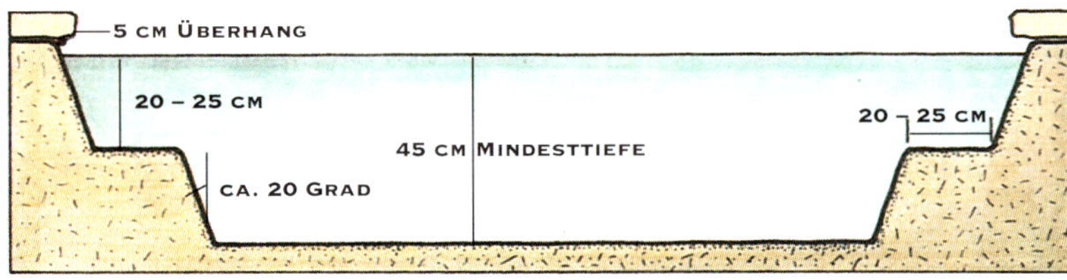

Wichtig: Sonnenlicht
Obwohl Sonnenlicht das Algenwachstum fördert, ist es für das Wachstum der Teichpflanzen zwingend notwendig. Blattpflanzen unterdrücken das Wachstum der Algen, da sie auf die gleichen Nährstoffe zurückgreifen. Schwimmpflanzen schirmen das Wasser vom Sonnenlicht ab, wodurch das Algenproblem ebenfalls abnimmt und das Wasser klar bleibt.

Größe des Teiches
Die Größe des Teiches bestimmt zu einem großen Teil, ob sich daraus ein gesundes Biotop entwickelt. Es ist schwierig, ein biologisches Gleichgewicht zu erzielen, wenn die Gesamtfläche des Teiches kleiner als 4 m^2 ist. Wichtiger ist in diesem Zusammenhang jedoch die Wassermenge. Bei Teichen mit bis zu 9 m^2 Fläche sollte die Tiefe mindestens 45 cm betragen. Bei größeren Teichen empfiehlt es sich, hier 60 cm zu veranschlagen. Selbst bei sehr großen Anlagen sind 75 cm ein vernünftiges Maximum.

Die Form des Teiches
Wenn Sie den Rand dicht mit Sumpfgewächsen bepflanzen wollen, sollten Sie umlaufend eine rund 20 cm unter der Wasseroberfläche liegende Terrasse von etwas mehr als 20 cm Breite anlegen. Auf dieser Stufe lassen sich Pflanzen in handelsüblichen Kunststofftöpfen von 15 cm Höhe so abstellen, daß die Wurzelballen ausreichend vom Wasser bedeckt sind. Gegebenenfalls können Sie einige Pflanzen höher stellen, indem Sie Ziegel oder Kacheln unterlegen. Die senkrechten Kanten des Teiches sollten zum Zentrum hin in einem Winkel von ca. 20 Grad abfallen, damit das Erdreich während des Ausschachtens nicht nachsackt und die Teichfolie sich ohne Faltenbildung verlegen läßt. Außerdem sorgt der Winkel dafür, daß die Teichfolie nicht bei Tauwetter durch sich vom Grund lösendes Eis beschädigt wird. Den Winkel von 20 Grad können Sie realisieren, indem Sie pro 20 cm Tiefe 7 cm Abweichung von der Senkrechten veranschlagen. Falls der Boden sehr locker ist, sollten Sie den Winkel etwas flacher halten.

Grundstück mit Hanglage

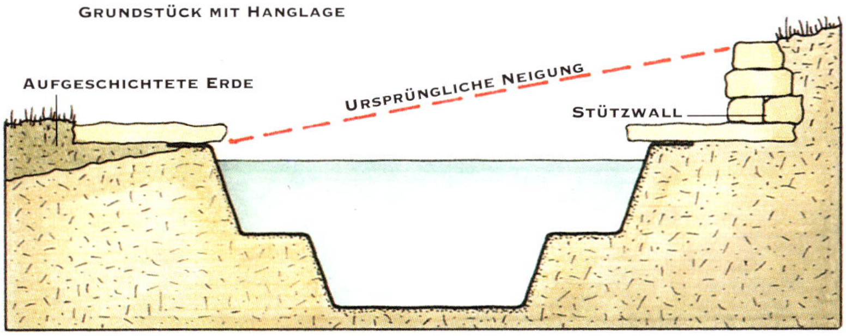

Bei Grundstücken mit Hanglage
Gleichen Sie beim Ausschachten die Neigung des Geländes aus. Anschließend wird an der Hangseite die Erde mit einem Stützwall zurückgehalten, der auch als Steingarten genutzt werden kann.

Einbau eines Fertigteiches

Zur Planung stellen Sie das Becken provisorisch auf, wobei Sie es mit Kartons oder Holzpfählen abstützen. Übertragen Sie die Umrisse auf den Boden.

1 Übertragen Sie den Umriß des Beckens auf den Boden und schlagen Sie in regelmäßigen Abständen kleine Pflöcke ein. Schachten Sie die Grube aus; der Mutterboden kann zur Anlage eines Steingartens oder anderweitig im Garten verwendet werden.

2 Legen Sie ein Kantholz über die Grube, um die Tiefe zu bestimmen. Der Verlauf der Grube sollte dem des Beckens möglichst ähnlich und zu allen Seiten etwa 15 cm größer sein.

3 Verdichten Sie den Untergrund und legen Sie anschließend eine 2 bis 3 cm dicke Schicht Sand an. Jetzt setzen Sie das Becken ein, bis es fest auf dem Sand ruht. Überprüfen Sie, ob es waagerecht liegt. Halten Sie es mit Holzkeilen auf Abstand.

4 Füllen Sie das Becken mit Wasser. Gleichzeitig wird der Randbereich immer wieder mit Sand oder Mutterboden angefüllt. Schließlich sollten Sie das Füllmaterial am Rand mit den Händen verdichten.

Die Ränder begradigen

Wenn der Teich fest im Boden sitzt, kann der flache Rand des Teiches mit Erde oder Rasenkanten bedeckt werden.

Bau eines Teiches aus Folie

Legen Sie zunächst die Form des Teiches fest. Bei runden Formen können Sie einen Gartenschlauch als Markierung benutzen.

1 Heben Sie zunächst die Grube bis zur Höhe der Pflanzterrasse aus, bevor Sie die tieferen Stellen ausschachten. Entfernen Sie alle scharfkantigen Wurzelreste und Steine, die die Teichfolie punktieren könnten.

2 Der Rand des Teiches sollte an allen Stellen dieselbe Höhe aufweisen. Die Randsteine sollten etwa 2 cm unter dem umgebenden Boden liegen. Dementsprechend muß der Boden abgetragen werden, um später die Uferbegrenzung aufzunehmen. Im Abstand von etwa 1 Meter werden umlaufend Holzpflöcke in diese Stufe geschlagen. Benutzen Sie ein Kantholz, um die Pflöcke exakt auf dieselbe Höhe zu bringen. Füllen Sie gegebenenfalls wieder Mutterboden an, bis die Pflöcke exakt bündig im verdichteten Erdreich stecken.

3 Wenn der Rand begradigt ist, können Sie die Pflöcke wieder entfernen. Füllen Sie nun den unteren Bereich des Teiches mit einer gut 1 cm hohen Schicht Sand. Sie können auch ein spezielles Untergrundmaterial für Teichfolien verwenden, wie es in Gartencentern angeboten wird.

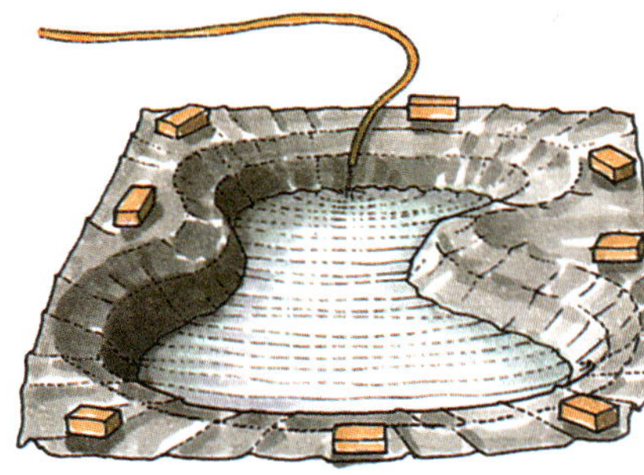

4 Breiten Sie nun die Folie über der Grube aus. Sie sollte an allen Seiten gleichmäßig überstehen. Sichern Sie die Folie mit Steinen, bevor Sie das Becken mit Wasser füllen. Dieser Vorgang kann einige Stunden dauern und Sie sollten regelmäßig prüfen, ob die Steine das Gewicht halten. Bei Rundungen lassen sich Falten kaum vermeiden, aber Sie sollten die Folie unter Spannung halten und Falten wegstreichen, während sich das Becken mit Wasser füllt.

Fertigstellung des Randes

Für die Uferbegrenzung werden flache Steine verwendet. Suchen Sie die Steine so aus, daß sich eine möglichst lückenlose Fläche ergibt. Der Rand sollte etwa 5 cm über die Wasseroberfläche hinausragen, damit sich die Steine spiegeln und einen harten Schatten auf die Wasseroberfläche werfen. Tragen Sie unbedingt eine Schutzbrille, wenn Sie Steine mit Hammer und Meißel passend machen wollen.

Zurechtschneiden der Teichfolie
Drehen Sie das Wasser ab, wenn es etwa 5 cm unter dem Rand steht. Schneiden Sie überschüssige Folie bis auf einen Rand von 15 cm mit der Schere ab. Drücken Sie 10 cm lange Nägel durch die Folie in den Boden, damit sie nicht beim Verlegen der Uferbegrenzung wegrutscht.

Verlegen der Steine mit Mörtel
Mischen Sie einen Mörtel aus einem Teil Zement und drei Teilen Sand. Bringen Sie einige Kleckse Mörtel am Rand des Teiches auf und drücken Sie die Steine hinein. Klopfen Sie sie anschließend mit dem Holzhammer fest und füllen Sie die Fugen unter Zuhilfenahme einer Maurerkelle. Verwenden Sie einen ausrangierten Pinsel, um die Fugen zu glätten. Achten Sie darauf, daß kein Mörtel ins Wasser fällt, da sie sonst den Teich komplett entleeren müssen.

Randeinfassung mit Steinen
Den Rand des Teiches mit flachen Steinen einzufassen bietet sich schon deshalb an, weil man so ganz automatisch einen Fußweg erhält, von dem aus man bequem an die Pflanzen und Fische herankommt. Doch oft ist ein natürlicheres Aussehen erwünscht, vor allem wenn der Teich an einen Steingarten angrenzt. Man kann eine zweite Stufe anbringen, die man mit Steinen statt mit Wasserpflanzen bedeckt. Wenn man die Steine sorgfältig verlegt, muß man nicht unbedingt Mörtel verwenden. Legen Sie die Steine so dicht, daß man die Teichfolie nicht mehr sieht.

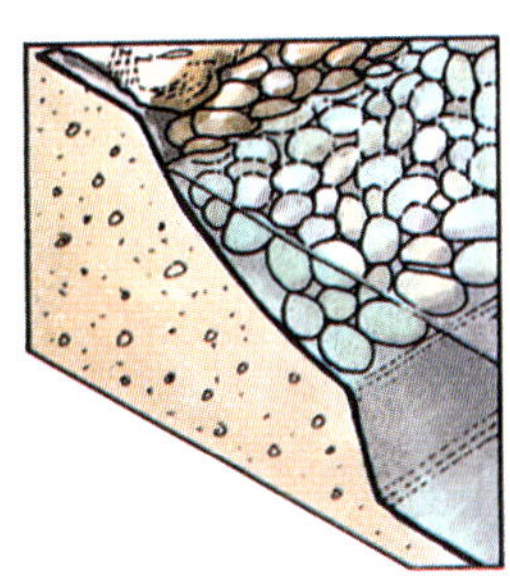

Gestaltung mit Kies
Falls Sie einen flachen, strandähnlichen Übergang zum Garten schaffen wollen, sollten Sie den Untergrund entsprechend anlegen und die Teichfolie mit Kieselsteinen kaschieren. Ein solcher Rand kann entweder in einen Steingarten übergehen oder als natürlicher „Küstenstreifen“ gestaltet werden.

ZEIT: EIN WOCHENENDE

Erforderliches Werkzeug

- Hacke
- Schere
- Schaufel
- Spaten
- Schubkarre

PUMPE MIT ANSCHLUSSSET FÜR NIEDERSPANNUNG

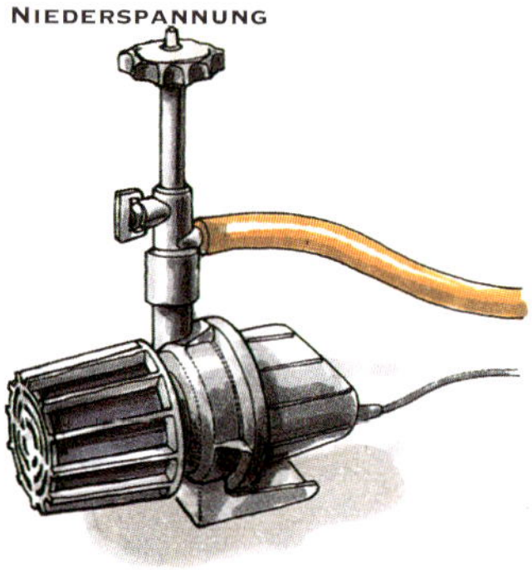

PUMPE FÜR WASSERFALL UND SPRINGBRUNNEN

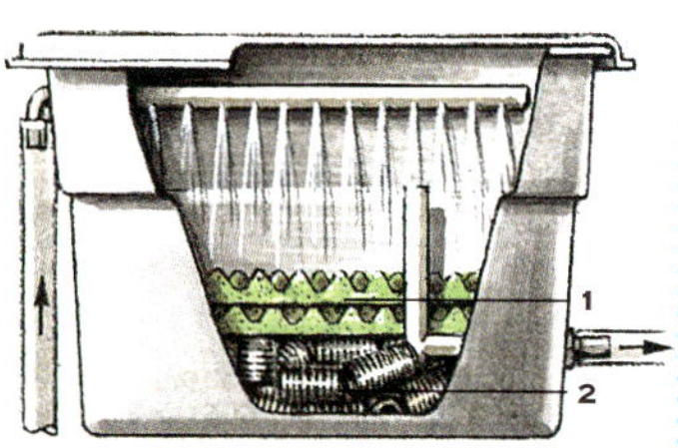

FILTERSYSTEM
1 SCHAUMSTOFF
2 BIOLOGISCHES FILTERMEDIUM

Siehe auch:
Einen Steingarten anlegen, Seite 100
Eine Wasserlandschaft für die Terrasse kreieren, Seite 59
Einen Gartenteich anlegen, Seite 102

EINE KASKADE ANLEGEN

Ein Wasserfall, der von einem kunstvoll bepflanzten Steingarten ergänzt wird, ist eine perfekte Ergänzung zu einem Wassergarten. Die Konstruktion eines Wasserlaufes ist nicht so kompliziert, wie man es erwarten sollte, und gleichzeitig schafft man damit die Basis für einen dekorativen Steingarten. Ein solcher Wasserlauf kann auch einen Teil des Filtersystems für den Gartenteich bilden. Vielleicht sind Sie etwas überrascht angesichts der Menge von Mutterboden und Schutt, die der Bau eines Gartenteichs hinterlassen hat. Hier ergibt sich die Gelegenheit, die Erde auf sinnvolle Weise in eine Wasserlandschaft am Rand des Teiches zu integrieren. Wenn Sie das Filter und ein kleines Reservoir oberhalb des Teiches anlegen wollen, dann können Sie Wasser vom Teich durch das Filter in das Reservoir pumpen und als Wasserfall zurückfließen lassen.

Pumpen und Filter

Kleine Tauchpumpen für Brunnen und Wasserfälle werden entweder direkt ans Stromnetz angeschlossen oder über einen Transformator betrieben, der die Spannung auf 24 Volt reduziert. Netzspannung ist lebensgefährlich und Sie sollten solche Installationen nach Möglichkeit von einem qualifizierten Elektriker durchführen lassen.
Stellen Sie die Tauchpumpe nahe am Rand des Teiches auf, damit Sie leicht den Schlauch zum Wasserfall abziehen können, wenn Wartungsarbeiten anliegen. Wenn Sie einen Springbrunnen realisieren wollen, sollten Sie als Untergrund flache Steine oder Platten verwenden, damit der Wasserstrahl senkrecht verläuft. Pumpen sind mit integrierten Filtern aus Schaumstoff ausgestattet, deren Filterwirkung jedoch bei größeren Teichen nicht ausreicht, um das Wasser klar und den Fischbestand gesund zu halten. Sie sollten deshalb ein zusätzliches Filtersystem einsetzen, das mit Vorfiltern aus Schaumstoff und einem biologischen Filtersystem arbeitet, um die Exkremente der Fische und verrottetes Pflanzenmaterial zu beseitigen. Ein solches Filtersystem kann im Steingarten untergebracht und dort durch Steine und Pflanzen kaschiert werden. Das Wasser wird dann über das Reservoir wieder dem Teich zugeführt.

Kaskade mit Folie

Im Handel werden vorgefertigte Kaskaden aus Kunststoff angeboten, die man in einen Steingarten integrieren kann. Dabei müssen lediglich die Kanten mit Steinen, Erde und Pflanzen bedeckt werden. Doch kann man auch freie Verläufe gestalten, indem man die Kaskade mit Folie anlegt.

Verlegen der Folie

Damit der Wasserfall direkt in den Teich läuft, wird ein Einlaß (1) angelegt, in den man die Folie der Kaskade legt. Konstruieren Sie flache Bänke an jeder Seite des Einlasses und umgeben Sie sie mit Steinen. Der Wasserlauf wird zum Reservoir hin stufig angelegt. Jede Stufe wird mit einem Stück Folie bedeckt. Die Folien sollten sich großzügig an der Kante überlappen, wobei die Folie der höhergelegenen Stufe über der darunterliegenden zu liegen kommt. Benutzen Sie Steine, um die Konstruktion zu stabilisieren. Damit das Wasser sich auf jeder Stufe sammelt, sollten diese sich leicht zum Hang hin neigen (2). Den Überlauf können Sie mit Steinen lenken (3) – flache Steine produzieren einen glatten „Vorhang" aus Wasser, angehäufte Kiesel dagegen einen lebhaften Strom. Während des Anlegens der einzelnen Stufen sollten Sie die Wirkung der Kaskade mit Wasser aus dem Gartenschlauch testen, da es schwierig ist, die Lage der Steine auf einzelnen Stufen nachträglich gezielt zu verändern.
Der Schlauch zur Pumpe wird durch den Steingarten zum Einlaß des Filterkastens (4) verlegt. Achten Sie darauf, daß der Schlauch keinen Knick aufweist.
Reservoirs aus Kunststoff sind meist mit einem Überlauf ausgestattet, der das Wasser direkt in die Kaskade leitet. Falls Sie jedoch selbst ein Reservoir (5) mit Folie anlegen wollen, müssen Sie aus Folie einen Überlauf (6) anlegen, der mit einem flachen Stein kaschiert wird.

Mehrstufige Kaskade

Diese Querschnittszeichnung zeigt den Verlauf der Kaskade vom Reservoir zum Teich.

WASSERLAUF AUS FOLIE
1 EINLASS ZUM TEICH
2 GENEIGTE STUFE
3 RANDSTEINE
4 FILTER
5 RESERVOIR
6 ÜBERLAUF

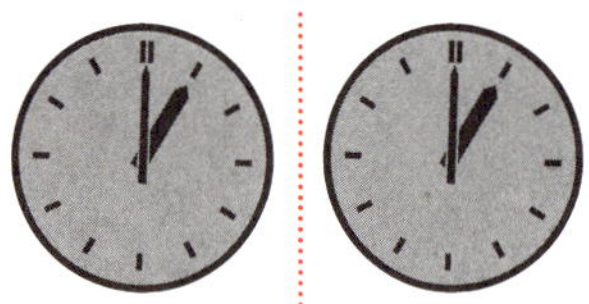

ZEIT: EIN WOCHENENDE

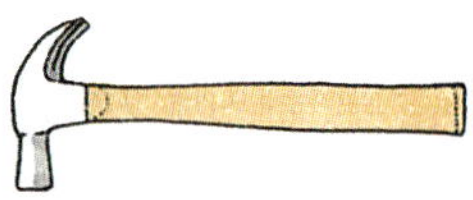

Erforderliches Werkzeug

- Kantenglätter
- Gartenwalze
- Hammer
- Gartenschlauch
- Holzhammer
- Rechen
- Schaufel
- Spaten
- Wasserwaage
- Motorrüttler
- Schubkarre

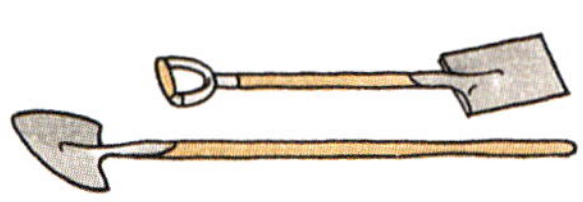

Siehe auch:
Steinstufen ausbessern, Seite 32

Ein Fundament für ein Gartengeräte- haus errichten

Auch kleinere Gerätehäuser sollte man auf einem festen Fundament aufstellen, um das Holz vor dem Verrotten durch sich am Boden stauendes Wasser zu schützen. Wenn der Boden nicht ausgesprochen uneben ist, reicht es in den meisten Fällen, Betonplatten auf einem Bett aus Sand zu verlegen.
Ein einfaches, rechteckiges Betonfundament ist jedoch dauerhafter und für größere Gerätehäuser zwingend erforderlich. Der Bau eines solchen Fundaments ist keineswegs schwierig, wenn man die Vorarbeiten umsichtig durchführt. Wenn die Fläche nicht größer als 2 x 2 m ist, kann man davon absehen, den Beton durch eine Dehnungsfuge von thermischen Spannungen zu entlasten.

ANLEGEN EINES FUNDAMENTS MIT BETONPLATTEN

Wählen Sie einfache flache Platten aus, um ein Fundament zu verlegen, das zu allen Seiten etwa 5 bis 8 cm größer ist als die Grundfläche des Gerätehauses. Verwenden Sie nach Möglichkeit nur ganze Platten, um das nicht ganz einfach zu handhabende Trennen der Steine zu umgehen.

Verlegen und nivellieren
Säubern Sie den Bauplatz und heben Sie die oberste Bodenschicht ab. Legen Sie eine 2,5 cm hohe Schicht aus Sand an, in den die Platten verlegt werden. Wenn zwischen den Platten sichtbare Fugen entstehen, ist dies unproblematisch, da diese für eine Drainage des Fundaments sorgen.

Anlegen eines Beton-Fundaments

Mischen des Betons
Für ein kleines Fundament mischen Sie einen Teil Zement mit zwei Teilen Sand und drei Teilen Füllstoff (Kies oder Split), wobei Sie als Maß einen Eimer verwenden. Zunächst werden Sand und Kies trocken auf einem harten, flachen Untergrund vermengt, dann kommt der Zement hinzu. Vermengen Sie die trockene Mischung, bis sie eine homogene Farbe aufweist. Drücken Sie in die Mitte eine Vertiefung und geben Sie etwas Wasser hinein. Befördern Sie mit der Schaufel das trockene Gemisch vom Rand ins Zentrum, bis das Wasser vollständig aufgesaugt ist. Fügen Sie mehr Wasser hinzu, bis der Beton glatt ist.

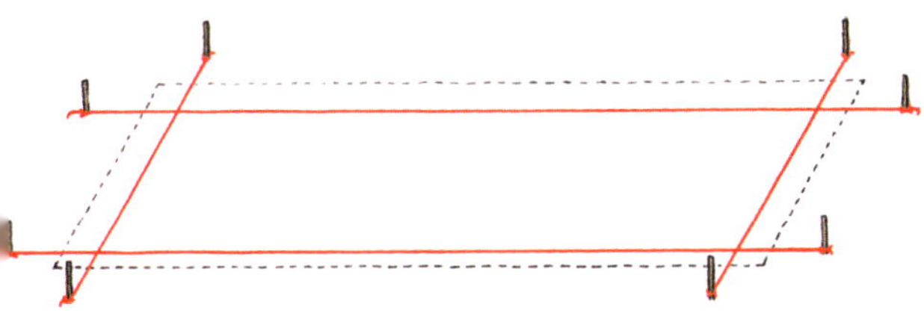

1 *Treiben Sie außerhalb des Bauplatzes kleine Pflöcke in den Boden, um das Fundament mit einer Schnur markieren zu können. Sie können die Schnur zum Ausheben des Bodens entfernen, sollten Sie danach aber wieder anbringen, um die Verschalung zu konstruieren. Nehmen Sie 15 cm des Mutterbodens weg; eine Hälfte für den Untergrund aus Schotter, die andere für den Beton. Die Grube sollte zu allen Seiten hin etwa 15 cm über die Grundfläche des Gerätehauses hinausragen.*

2 *Entfernen Sie alle Wurzeln, auf die Sie beim Ausheben des Fundamentes stoßen. Wenn der Zustand der Rasendecke am Bauplatz gut ist, sollten Sie sie vorher sauber abstechen und später zur Bedeckung der Ränder benutzen. Nivellieren Sie den Boden mit einem Brett und verdichten Sie die Erde mit der Walze.*

3 *Für ein rechteckiges Fundament benötigen Sie Schalbretter von 25 mm Stärke, deren Breite exakt der Dicke des geplanten Betonfundaments entspricht. Sie werden mit Pflöcken am Boden gehalten, die Sie aus Kantholz von 50 x 50 mm Kantenlänge anfertigen können. Sie können auch Holzabfälle verwenden. Falls die Bretter so dünn sind, so daß sie sich in der Mitte durchbiegen, müssen Sie zusätzliche Pflöcke einschlagen. Zu kurze Planken werden mit einer rückwärtig aufgenagelten Leiste verbunden.*

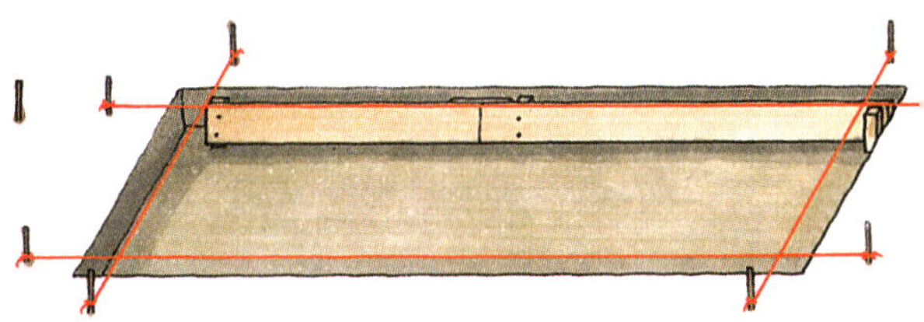

4 *Die Grube sollte ein leichtes Gefälle aufweisen, damit das Wasser ablaufen kann. Beginnen Sie am höherliegenden Ende. Benutzen Sie die Schnur als Markierung und bringen Sie ein Schalbrett an, indem Sie im Abstand von 1 Meter Pflöcke einschlagen. Die oberen Enden der Pflöcke und Bretter müssen auf einer Ebene liegen. Nageln Sie das Brett an den Pflöcken fest.*

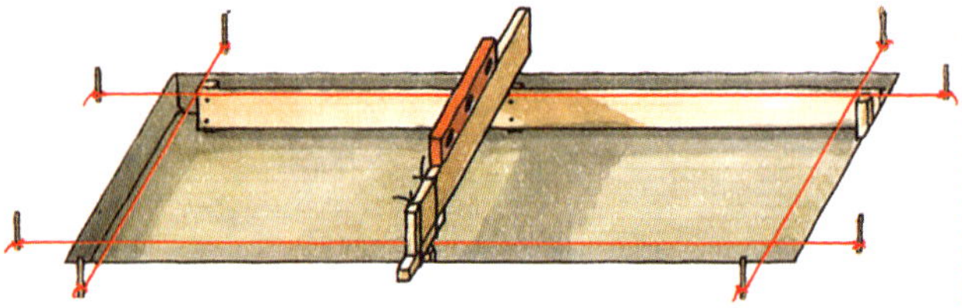

5 Bringen Sie nun das gegenüberliegende Brett an. Bevor Sie es festnageln, sollten Sie mit einem Kantholz und der Wasserwaage das Gefälle überprüfen. Es sollte auf 2 m etwa 2,5 cm betragen. Befestigen Sie ein Stück Dachlatte mit der entsprechenden Stärke an einem Kantholz und treiben Sie die Pflöcke tiefer in die Erde, bis die Wasserwaage anzeigt, daß das Kantholz genau waagerecht liegt. Anschließend wird das Schalbrett auf gleiche Höhe mit den Pflöcken gebracht.

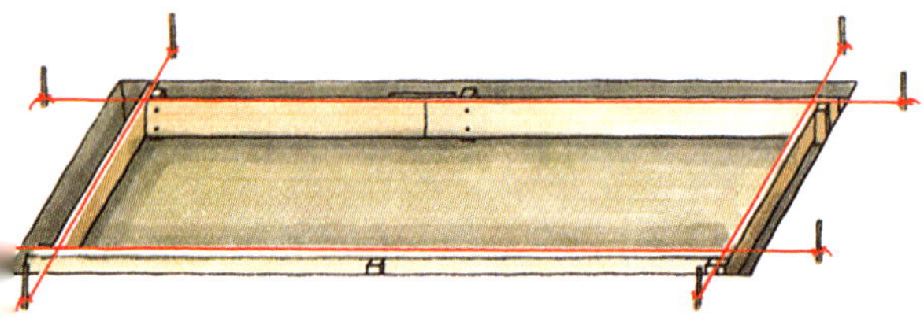

6 Nun werden die Seitenteile der Verschalung befestigt. Sie sollten ein Stück über die Längsbretter hinausragen, um sie leicht entfernen zu können, wenn der Beton durchgehärtet ist. Diesmal wird das Kantholz ohne die unterlegte Dachlatte verwendet, um den Sitz der Schalbretter zu überprüfen.

7 Eine Mischung von Kies und Sand ist das ideale Material für den Untergrund. Sie können aber auch gleichmäßig granuliertes Geröll oder Bauschutt verwenden, wenn Sie vorher Putz, Altmetall u.ä. herauslesen. Größere Steine sollten Sie ebenfalls entfernen, da sie sich nicht verdichten lassen. Füllen Sie das Material in die Grube und verteilen Sie es mit einer Harke, um es anschließend mit einem Kantholz zu verdichten. Falls Sie widerstandsfähige Klumpen vorfinden, sollten Sie diese mit dem Vorschlaghammer zerschlagen. Füllen Sie Löcher mit Sand oder Schotter auf, bis der Untergrund auf einer Höhe mit den Unterkanten der Schalbretter liegt.

8 Mischen Sie den Beton so nahe am Bauplatz wie möglich und transportieren Sie ihn gegebenenfalls mit der Schubkarre. Falls der Boden sehr weich ist, sollten Sie einige Planken auslegen, damit die Schubkarre sich leichter bewegen läßt.
Stellen Sie den Gartenschlauch auf einen feinen Sprühnebel ein und benetzen Sie den Untergrund und die Verschalung. Es dürfen keine Pfützen mehr zu sehen sein, wenn Sie den Beton einfüllen. Beginnen Sie an einer Ecke der Verschalung und verteilen Sie den Beton gleichmäßig mit der Harke, bis die Schicht die Oberkante der Bretter um etwa 2 cm überragt.

9 *Glätten Sie den Beton mit der Kante einer Planke von etwa 5 cm Stärke, die etwas länger als die kürzere Kante des Fundaments ist. Arbeiten Sie zu zweit und verdichten Sie die Oberfläche, indem Sie die Planke schrittweise um etwa die Hälfte ihrer Dicke versetzen und in den Beton drücken.*

10 *Bearbeiten Sie die Oberfläche zweimal auf diese Weise, bevor Sie überschüssigen Beton entfernen. Füllen Sie Löcher aus und glätten Sie die Oberfläche.*

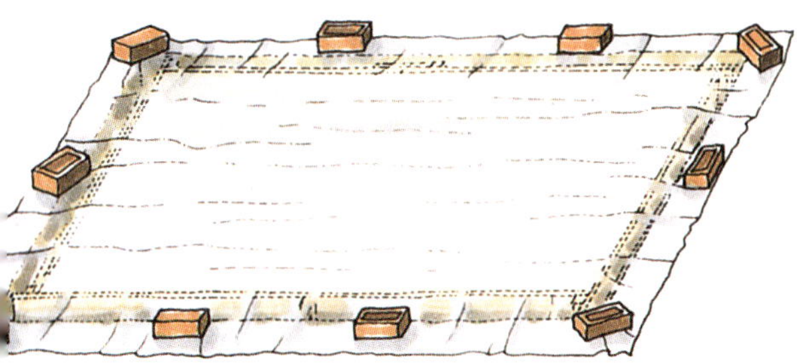

11 *Um die Feuchtigkeit zu halten, sollten Sie den Beton mit einer Kunststoffplane abdecken, die an den Rändern mit Ziegeln beschwert wird.*

Beton isolieren

Bei kaltem Wetter sollten Sie davon absehen, Betonfundamente anzulegen. Läßt sich dies jedoch nicht vermeiden, dann können Sie die Plane mit einer Schicht Erde bedecken, um sie gegen Frost zu isolieren.

Der Beton ist nach drei Tagen begehbar. Sie sollten aber noch mindestens eine Woche abwarten, bevor Sie die Verschalung entfernen und das Gerätehaus errichten.

DIE RÄNDER BEGRADIGEN

Scharfe Betonkanten können unangenehme Schnittwunden hervorrufen. Sie können die Bildung solcher Kanten bereits während des Betonierens vermeiden, indem Sie die Kanten auf ähnliche Weise verrunden wie bei der Reparatur von Treppenstufen. Führen Sie den Kantenglätter über die Ränder des Fundaments, wobei Sie die Schalbretter als Anschlag benutzen können.

Instandsetzen des Garagenbodens

Zeit: ein Wochenende

Betonböden sind bei modernen Bauten sehr verbreitet und dies gilt vor allem für Garagen und andere Nebengebäude. Wie viele Baumaterialien wird auch Beton von Feuchtigkeit angegriffen, wobei es zu Rissen an der Oberfläche kommen kann. Die Reparatur gestaltet sich jedoch meist ziemlich einfach und man kann den Boden nach dem Ausbessern mit einer geeigneten Farbe streichen. Diese Arbeiten können erfahrungsgemäß mehr als ein Wochenende in Anspruch nehmen, da die verwendeten Materialien eine gewisse Zeit zum Durchtrocknen benötigen.

Verwendung von Betonfarben

Betonfarben sind sehr widerstandsfähig und deshalb ideal für Werkstätten und Garagen. Man kann sie auch für Wege, Treppen und andere Bauelemente nehmen, die aus Beton gefertigt sind. Obwohl die Farbauswahl sehr begrenzt ist, werden auch Töne angeboten, die sich für Hobbyräume und Kellerbars eignen.

Der Boden sollte sauber, trocken und frei von Öl- bzw. Fettflecken sein. Neuer Beton sollte mindestens einen Monat ruhen, bevor man ihn streicht. Poröse Böden sollten mit Tiefengrund vorbehandelt werden.

Erforderliches Werkzeug

- Betonmeißel
- Fäustel
- Meißel
- Pinsel
- Farbrolle und Verlängerung
- Putzkelle oder Glätter

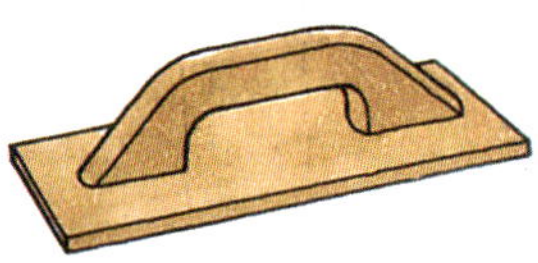

Große Böden streichen

Am besten ist es, zuerst die Ecken und Ränder mit dem Pinsel zu streichen, bevor man die Mitte des Bodens mit der Farbrolle bearbeitet.

Einen Estrich instandsetzen

Ein unebener oder beschädigter Boden muß geglättet werden, bevor man ihn mit Betonfarbe streicht. Unter Verwendung handelsüblicher Spachtelmassen können solche Arbeiten problemlos durchgeführt werden, wobei Sie jedoch sicherstellen müssen, daß der Boden trocken ist. Ein neuer Boden sollte sechs Monate durchtrocknen, bevor man ihn streicht.

Behandeln eines feuchten Bodens
Sie können einen Betonboden auf einfache Weise auf Feuchtigkeit testen, indem Sie ein Stück Kunststoffplane mit Packband aufkleben und nach einem oder zwei Tagen inspizieren. Falls sich Tröpfchen an der Unterseite der Folie angesammelt haben, sollten Sie den Boden zunächst mit einem Mittel auf Bitumenbasis streichen. Bringen Sie zunächst einen leicht verdünnten Voranstrich auf, nach dem Durchtrocknen erfolgen zwei unverdünnte Anstriche.
Wenn nur an bestimmten Stellen Feuchtigkeit auftritt, ist möglicherweise die wasserabweisende Sperrschicht unter dem Boden beschädigt. Spitzen Sie den Boden auf und fegen Sie den Schutt sorgfältig weg. Bringen Sie zwei Schichten des Bitumenanstrichs auf und versiegeln Sie die Stelle mit einem Haftgrund auf PVA-Basis. Füllen Sie das Loch mit einem Mörtel aus Sand und Zement, dem Sie ein wenig Haftgrund beigemischt haben.

Ölflecken entfernen
Einen verschmutzten Garagenboden sollten Sie mit einem speziellen Reinigungsmittel bearbeiten. Frische Ölflecken bestreuen Sie am besten sofort mit Sägemehl oder Sand.

AUFTRAGEN EINES FÜLLERS

1 Löcher und Risse von mehr als 3 mm Tiefe werden zunächst ausgekratzt und anschließend mit Mörtel zugespachtelt.

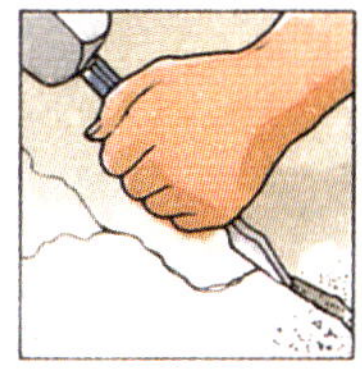

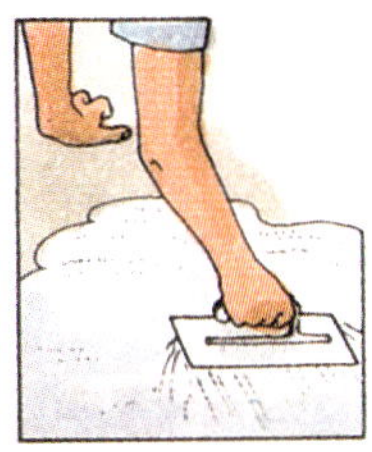

2 Füller wird als Pulver geliefert, das Sie entweder mit Wasser oder mit Latex mischen. Der Boden sollte sauber und trocken sein. Schütten Sie die Lösung zunächst in die Ecke, die am weitesten von der Tür des Raumes entfernt liegt. Der Füller wird ohne Druck mit einem Glätter verstrichen, bis er den Boden etwa 3 mm hoch bedeckt – er verteilt sich anschließend von selbst.
Nach etwa einer Stunde ist der Boden wieder begehbar. Er sollte jedoch mehrere Tag aushärten, bevor man mit dem Auto darüberfährt.

TIP
Nivellieren kleiner Löcher und Sprünge
Bei kleineren Löchern und Rissen kann man auch eine für Außenarbeiten gedachte Zementspachtelmasse verwenden. Sie wird mit Wasser vermischt und muß in etwa 20 Minuten verarbeitet werden. Kurz vor dem Ende der Topfzeit sollten Sie die Fugen noch einmal glattziehen.

ZEIT: EIN WOCHENENDE

Erforderliches Werkzeug

- Bürste
- Großer Meißel
- Fäustel
- Spitzmeißel
- Schaumgummirolle
- Hammer
- Maurerkelle
- Wandbürste
- Glätter

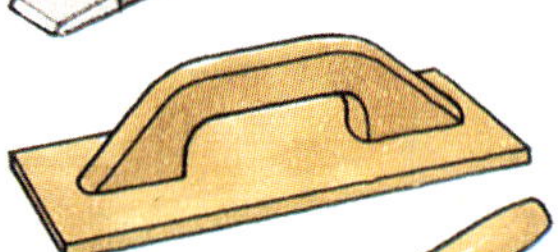

Siehe auch:
Renovierung der Hauswand, Seite 118
Renovierung alter Mauern, Seite 64

Ausbessern verputzter Mauern

Häufig sind gemauerte Außenwände mit einem Rauhputz auf Zementbasis verkleidet, der als Wetterschutz und auch aus optischen Gründen aufgebracht wurde. Putz ist jedoch ziemlich empfindlich gegenüber Feuchtigkeit und Frost, so daß leicht Risse, Spalten und häßliche Flecken entstehen. Bevor Sie eine verputzte Wand renovieren, sollten Sie sie gründlich von Schmutz, Moos und anderen Verunreinigungen befreien.

KLEINE REPARATUREN

Bevor Sie den Putz reparieren, sollten Sie die Konstruktion der Wand auf ihre Festigkeit überprüfen. Eine poröse Oberfläche können Sie mit einem Haftgrund behandeln. Wenn Sie die Wand ohnehin streichen wollen, können Sie feinere Haarrisse ignorieren.

Kratzen Sie die Risse mit einem Meißel sauber aus und besprengen Sie die Wand mit Wasser. Füllen Sie alle größeren Sprünge mit einer Spachtelmasse aus 1 Teil Zement, 2 Teilen Kalk und 9 Teilen Sand, der Sie ein wenig PVA-Haftgrund beimengen.

Beulen in der Wand weisen darauf hin, daß sich der Putz vom Mauerwerk gelöst hat. Klopfen Sie die Stelle vorsichtig mit dem Hammer ab, um das Ausmaß des Schadens festzustellen. Schlagen Sie den Putz dann bis zum Rand des beschädigten Bereichs weg.

1 *Befreien Sie die beschädigte Stelle mit Fäustel und Meißel vom Putz.*

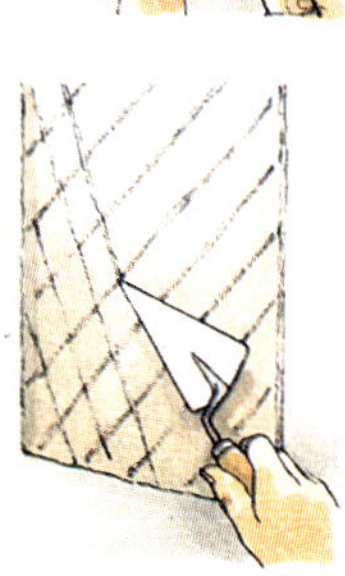

2 *Reinigen Sie die Stelle mit der Bürste und streichen Sie sie mit Haftgrund. Wenn die Oberfläche des Haftgrundes nur noch leicht klebrig ist wird eine gut 1 cm dicke Schicht Putz (Mischungsverhältnis 1:1:6) aufgebracht.*
Am nächsten Tag wird die Fläche mit feinerem Putz (Mischungsverhältnis 1:1:9) zugespachtelt und mit kreisförmigen Bewegung glattgezogen.

Grössere Risse beseitigen

Um einen Riß dauerhaft zu beseitigen, kann man die betroffene Stelle mit einer Glasfaserbinde und Bitumen verstärken. Kratzen Sie loses Material weg und feuchten Sie die Stelle an. Spachteln Sie den Riß mit einem Mörtel aus 1 Teil Zement und 4 Teilen Sand zu.
Wenn diese Mischung ausgehärtet ist, wird der Feinputz aufgebracht.

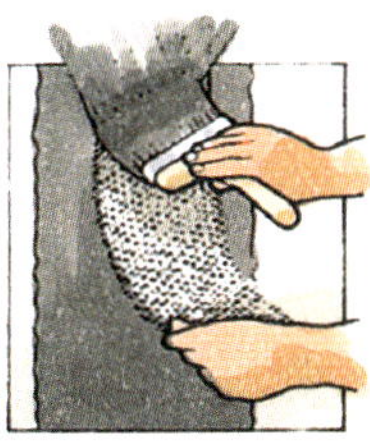

1 *Wenn der Mörtel durchgehärtet ist, wird eine dicke Schicht Bitumen aufgebracht, die rund 10 cm über den Rand des beschädigten Bereiches hinausgehen sollte. Mit einem Pinsel wird ein Streifen Glasfaser (Rollenmaterial) in das Bitumen eingebettet.*

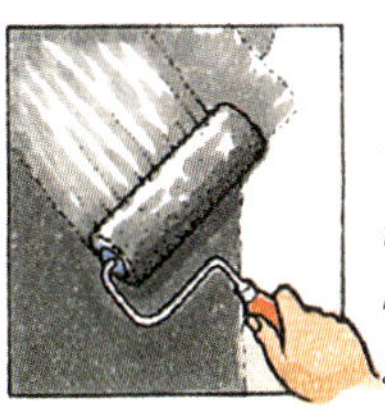

2 *Noch bevor der Bitumenanstrich durchgetrocknet ist, wird der Rand mit der Schaumgummirolle glattgezogen. Nach 24 Stunden ist der Anstrich schwarz glänzend durchgehärtet. Streichen Sie die Stelle nun ein zweites Mal mit Bitumen und glätten Sie wieder den Rand mit der Rolle. Wenn diese Schicht trocken ist, folgen zwei Anstriche mit Wandfarbe.*

Rauhputz für Aussenwände

Für zusätzliche Wetterfestigkeit sorgt ein Rauhputz mit einer Außenschicht aus feinem Steinschrot, die über einer dickeren Schicht Unterputz aufgebracht wird. Wenn Wasser hinter die Deckschicht dringt, können sich beide Lagen ablösen. Befreien Sie in diesem Fall die betroffene Stelle vom Putz und tragen Sie eine Versiegelung auf.

Die Struktur des Rauhputzes kann nachgeahmt werden, in dem man einen dicken Brei auf Basis von PVA-Haftgrund aufträgt. Mischen Sie 1 Teil pulverisierter Zementfarbe mit 3 Teilen Sand und fügen Sie 1 Teil Haftgrund hinzu, der mit 3 Teilen Wasser verdünnt wurde. Tragen Sie das Gemisch mit einer Bürste auf. Anschließend wird eine dickere Deckschicht der Masse aufgebracht, wobei man die Oberfläche durch Klopfen mit der Bürste grob strukturiert. Lassen Sie das Gemisch 15 Minuten durchhärten und klopfen Sie nun die endgültige Struktur in die Oberfläche, um sie an den umliegenden Rauhputz anzupassen. Vor dem Anstrich muß die Oberfläche erst richtig durchhärten.

ZEIT: EIN WOCHENENDE

Erforderliches Werkzeug

- Bürste
- Pinsel
- Farbrolle
- Spachtel

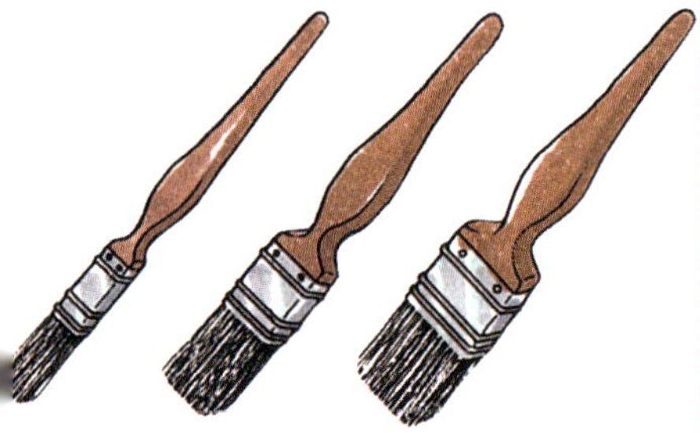

Renovierung der Hauswand

Obwohl das Verputzen von Wänden ursprünglich zur Imitation von Naturstein entwickelt wurde, werden heutige Hausbesitzer im Regelfall an der grauen Farbe des Zementputzes keinen Gefallen finden. Deshalb werden verputzte Wände heute fast ausnahmslos mit Fassadenfarbe gestrichen, und dasselbe gilt in einigen Regionen auch für Ziegelwände. Durch die wechselnde Einwirkung von Hitze, Kälte und Regen werden Flecken verursacht, die man vor dem Neuanstrich beseitigen muß. Ein ganzes Haus neu zu streichen nimmt meist mehr Zeit in Anspruch als ein Wochenende. Wenn nicht zu viele Vorarbeiten erforderlich sind, sollte es möglich sein, zumindest die Vorder- oder Rückseite des Hauses an einem Wochenende zu renovieren.

Arbeit in sinnvolle Abschnitte unterteilen
Es ist so gut wie unmöglich, eine ganze Fassade auf einmal zu streichen. Statt dessen sollten Sie die Wand in Abschnitte unterteilen, die sich problemlos bewältigen lassen. Im gezeigten Beispiel sollte man den horizontalen Vorsprung als Trennlinie ansehen, die die Fassade in zwei Hälften unterteilt. Ähnliches gilt für die Fenster und Türen.

Siehe auch:
Ausbessern verputzter Mauern, Seite 116
Renovierung alter Mauern, Seite 64

Farben für Aussenwände

Die für Fassaden angebotenen Farben unterscheiden sich von einander hinsichtlich ihrer Ergiebigkeit, optischen Wirkung und Beständigkeit.

Zementfarbe
Zementfarbe wird als Pulver geliefert, das mit Wasser angemischt wird. Diese Farbe basiert auf weißem Zement, dem Pigmente hinzugefügt werden. Zementfarbe ist eine der preisgünstigsten Fassadenfarben. Neu verputzte oder poröse Oberflächen werden mit Wasser besprengt, bevor man zwei Anstriche aufbringt.
Lockern Sie das Pulver, indem Sie den Behälter schütteln oder rollen und mischen Sie 2 Teile davon mit 1 Teil Wasser. Dann wird die Farbe unter der Beigabe von ein wenig Wasser verrührt, bis sie eine cremige Konsistenz aufweist. Mischen Sie nicht mehr an, als Sie in einer Stunde verbrauchen können.
Um einen zusätzlichen Witterungsschutz und eine bessere Deckwirkung zu erzielen, kann man die Farbe mit Sand mischen. Wird die Farbe dadurch zu stark verändert, fügt man nur dem ersten Anstrich Sand bei. Verwenden Sie 1 Teil Sand auf 4 Teile Farbpulver.

Dispersionsfarben
Die meisten Fassadenfarben sind wasserlösliche Dispersionsfarben für den Außenbereich. Sie werden bereits in streichfähiger Verdünnung verkauft. Der Voranstrich wird mit 20 Prozent Wasser verdünnt, dann folgen zwei Schichten mit unverdünnter Farbe. Dispersionsfarben sollte man nur bei gutem Wetter verarbeiten, da die Farbe bei Feuchtigkeit nicht richtig durchtrocknet.

Fassadenfarben auf Lösungsmittelbasis
Manche Fassadenfarben basieren auf Spiritus oder anderen Lösungsmitteln. Im Gegensatz zu Ölfarben sind sie jedoch durchlässig für Wasserdampf, da Wände „atmen" müssen. Dem Voranstrich kann man 15 Prozent Lösungsmittel beigeben, sollte sich aber ansonsten an die Anweisungen des Herstellers halten. Auf Lösungsmitteln basierende Farben können bei jedem Wetter verarbeitet werden, wenn man einmal von Regen absieht.

Granulierte Farben
Diesen Farben enthalten feine Beimengungen aus Glimmer oder anderem Material, die nach dem Auftrocknen eine extrem beständige Deckschicht ergeben. Solche Farben empfehlen sich, wenn man an der Küste oder in einer Gegend mit hoher Luftverschmutzung wohnt, wo man ohnehin dunklen Farbtönen den Vorzug geben wird. Größere Risse im Putz müssen ausgespachtelt werden, während man kleinere ruhig überstreichen kann.

Streichputz
Ein dicker Streichputz stellt für Außenwände einen sehr guten Wetterschutz dar, den man auch überstreichen kann. Die Wand sollte vorbehandelt und glatt sein, große Risse sind zuzuspachteln, während kleinere Haarrisse durch den Streichputz gefüllt werden. Der Streichputz wird mit dem Quast oder der Rolle aufgebracht. Normalerweise läßt man ihn einfach auftrocknen, damit sich eine glatte Oberfläche bildet. Sie können aber auch vor dem Trocknen eine Struktur aufprägen. Probieren Sie dies zunächst an einem kleinen Wandstück aus.

Probleme beim Anstreichen

Vor dem Anstrich ist es wichtig, eine glatte Oberfläche zu schaffen. Hier werden einige typische Probleme erläutert, auf die Sie stoßen könnten.

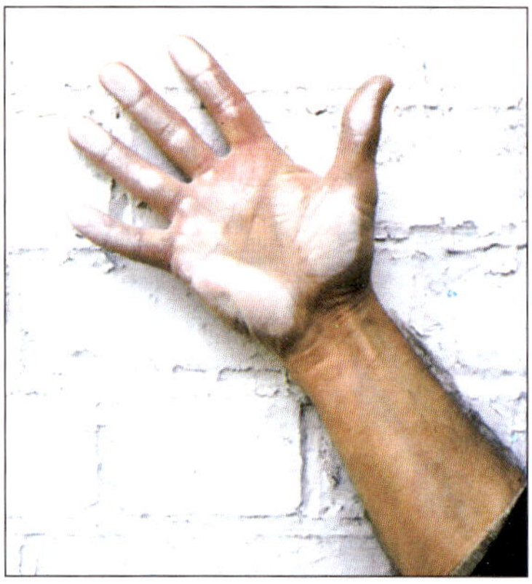

Kreidige Oberfläche
Die Wand wird mit einer harten Bürste gereinigt und dann mit Tiefengrund gestrichen, der dafür sorgt, daß die Farbe haftet. Ein weißer Tiefengrund kann auch als Vorstrich verwendet werden. Wenn die Wand stark abfärbt, sollte man sie nach ungefähr 16 Stunden ein zweites Mal mit Tiefengrund streichen. Warten Sie weitere 16 Stunden ab, bevor sie den Voranstrich übermalen.

Abblätternder Anstrich
Abblättern ist meist ein Zeichen dafür, daß die Wand vor dem letzten Anstrich nicht ausreichend vorbehandelt wurde. Dieses Problem kann jedoch auch bei feuchten Wänden auftreten oder wenn zu viele Farbschichten aufgetragen wurden. Schaben Sie die losen Schichten mit einem Spachtel ab und glätten Sie die Wand mit rauhem Schmirgelpapier zumindest an den Rändern der Schadstellen. Verfahren Sie ansonsten wie bei kreidigen Wänden.

Bildung brauner Flecken
Wenn sich bei einem Kamin die Umrisse der Ziegel braun abfärben, muß man davon ausgehen, daß der Innenputz porös geworden ist, wodurch Ruß auf die Außenseite des Kamins wandert. Lassen Sie von einem Kaminbauer einen Mantel einsetzen und behandeln Sie die braunen Flecken mit Aluminiumfarbe, bevor Sie einen neuen Anstrich aufbringen. Auf gleiche Weise können Sie auch durch Metallteile am Kamin verursachte Rostflecken beseitigen.

Tips zum Anstreichen

Für Außenwände eignet sich ein Pinsel von 10 bis 15 cm Breite. Größere Pinsel verursachen wegen ihres Gewichts schnell Schmerzen im Handgelenk. Bei rauhen Wandoberflächen erweisen sich Pinsel mit groben Borsten als langlebiger. Führen Sie den Pinsel zunächst in senkrechten Bahnen und übermalen Sie diese mit waagerechten. Bei stark strukturierten Oberflächen sollten Sie mit dem Pinsel Stoßbewegungen ausführen. Wenn es schneller gehen soll, verwenden Sie einen für die Art der Strukturierung geeigneten Farbroller.

Tür- und Fensterrahmen

Wenn eine Wand von einem Tür- oder Fensterrahmen durchbrochen ist, kann man bei ausreichend glatter Oberfläche versuchen, die Kante mit flach angelegtem Pinsel zu streichen. Bei stark strukturiertem Untergrund geht dies allerdings nicht so einfach von der Hand. Versuchen Sie nicht, das Problem zu bewältigen, indem Sie mehr Farbe auf den Pinsel nehmen. Statt dessen sollten Sie nur die Spitze des Pinsels ansetzen und die Farbe mit sanftem Bürsten aufbringen. Wischen Sie die überschüssige Farbe anschließend mit einem Tuch ab.

Wenn der Rahmen Farbflecken abbekommt, sollten Sie diese mit dem vom Hersteller empfohlenen Lösungsmittel beseitigen.

Eine Bürste ist ideal für stark strukturierte Oberflächen

Anstreichen mit einer Bürste

Besonders tiefe Strukturen sollte man mit einer Bürste streichen. Benutzten Sie eine Palette und tauchen Sie nur die Spitzen der Borsten in die Farbe. Arbeiten Sie mit kreisförmigen Bewegungen, um die Farbe gleichmäßig zu verteilen.

Hinter Rohren

Kleben Sie das Rohr mit Zeitungspapier ab, um es vor Farbe zu schützen. Bei längeren Fallrohren kann man eine lose Manschette aus Zeitungspapier anfertigen, die man nach Belieben nach oben oder unten schieben kann.

Verwendung eines Farbrollers

Mit der Rolle kann man ungefähr drei Mal so schnell arbeiten wie mit dem Pinsel. Rollen sind jedoch weniger langlebig, so daß man immer eine Ersatzrolle parat haben sollte. Man sollte den Winkel beim Rollen leicht ändern, um eine bessere Deckwirkung zu erzielen. Ecken und Kanten werden mit dem Pinsel gestrichen, danach bearbeitet man die Fläche mit der Rolle.

Glossar

Anrauhen
Oberflächen werden angerauht, um Farbe oder Klebstoffen mehr Halt zu bieten.

Beton
Aus Zement, Kies und Sand angemischter Beton wird hauptsächlich für Fundamente verwendet.

Bitumen
Wasserabweisendes Dichtmittel, das auch trittschalldämmende Eigenschaften hat.

Dampfsperre
Eine unter Betonböden angebrachte Isolationsschicht, die das Durchdringen von Feuchtigkeit verhindert.

Dehnungsfuge
Flexible Verbindung von Wänden oder Teilen eines Fundaments, die ein Reißen bei thermischer Ausdehnung verhindern soll.

Doppelwand
Aus zwei parallelen Mauern aufgebaute Wand mit Zwischenraum, der entweder hohl oder mit Dämmstoff gefüllt ist.

Drainage
System zur Entwässerung von Wegen und anderen Konstruktionen.

Fallrohr
Senkrecht verlaufender Teil einer Abwasserleitung.

Fäule
Bei Verwendung von Holz im Außenbereich tritt Fäule auf, wenn das Holz längere Zeit Wasser ausgesetzt ist.

Frostschäden
Mauerwerk und Fundamente können durch Vereisen von Wassereinschlüssen beschädigt werden.

Fundament
Unterirdische Sockelkonstruktion für eine Wand oder Pflasterung.

Grundierung
Die Grundierung soll dafür sorgen, daß der Untergrund die Farbe besser annimmt.

Hirnholz
Quer zur Faser geschnittenes Holz.

Holzschutzmittel
Im Außenbereich verwendetes Holz sollte grundsätzlich mit einem Holzschutzmittel behandelt werden, um es vor Fäule zu schützen.

Kantholz
Balken aus Holz mit rechteckigem Querschnitt.

Kies
Steinmaterial, das in grober Form Beton zugesetzt wird, aber auch als Zierkies für Beete und Wege verwendet wird.

Mosaik
Pflaster mit kleinen Natursteinen.

Multiplex
Schichtholz (Sperrholz), das wegen seiner Beständigkeit gegenüber Wasser auch im Bootsbau verwendet wird.

Neigung
Fundamente sind meist leicht geneigt, damit sich auf der Oberfläche kein Wasser stauen kann.

Putz
Eine dünne Schicht Zementmörtel, die als Schutz oder Dekor auf einer Wand angebracht wird. Manchmal werden Zuschlagstoffe wie Splitt beigemengt.

Quarzsand
Feiner, harter Sand, der beispielsweise für Kaminputz verwendet wird.

Quellen
Durch eine defekte Dampfsperre kann es zum Quellen eines Bodenbelages kommen.

GLOSSAR

Rustikschnitt
Wellenschnitt bei Holzbrettern, bei dem manchmal auch Teile der Rinde stehenbleiben.

Salzablagerung
Eine weiße Ablagerung auf Steinwänden, die von löslichen Salzen verursacht wird.

Schotter
Grobes Steinmaterial für Fundamente.

Sperrschicht
Folie oder Spachtelmasse, die verhindern soll, daß ein Betonboden Grundwasser durchläßt.

Splitt
Gemahlenes Steinmaterial, das Rauhputz und Asphalt zur Härtung beigemischt wird.

Streckgitter
Gitter aus Eisen, das beispielsweise zur Verstärkung von Betonfundamenten verwendet wird.

Stützwall
Mauer, die das Abrutschen einer Erdstufe verhindern soll.

Stufe
Treppenstufen müssen bestimmte Proportionen aufweisen, um gut begehbar zu sein.

Thixotropie
Thixotrope Flüssigkeiten weisen einen geleeartigen Zustand auf, werden aber flüssig, wenn man sie umrührt.

Tropfenrinne
Eine Rille an der Unterseite einer Fensterbank, die verhindern soll, daß das Regenwasser an der Wand hinunterläuft.

Verdichten
Beseitigen von Lufteinschlüssen in einer Erdschicht durch Stampfen oder Walzen.

Verwerfung
Schaden, der durch Quellen oder thermische Ausdehnung einer Fläche entstehen kann.

Vorbohren
Schraubenlöcher in Holz sollten vorgebohrt werden, um ein Spalten des Holzes zu vermeiden.

Vorstrich
Siehe Grundierung.

Werkstück
Ein Gegenstand, der gerade bearbeitet wird.

Zierkies
Siehe Kies.

Zink
Eisen wird häufig zum Rostschutz mit diesem Metall beschichtet.

Zuschlagstoffe
Bei Beton die mit dem Zement vermischten Stoffe wie Sand oder Kies. Auch bei Farben werden solche Stoffe verwendet, um sie witterungsfest zu machen.

INDEX

H

I

K

L

M

INDEX

INDEX

Das Autorenteam
möchten den Folgenden für ihre Hilfe bei der
Herstellung dieses Buches danken:

STUDIOFOTOS
Paul Chave
Ben Jennings
Neil Waving

ILLUSTRATIONEN
Robin Harris

INDEX UND LEKTORAT
Mary Morton

Die folgenden Firmen und Personen
stellten Fotos und Produktinformationen
für dieses Buch zur Verfügung:

DAVID DAY, Seite 10, 60.
© JOHN GLOVER (The Garden Picture Library), Seite 11.
© HARCOSTAR GARDEN PRODUCTS, Windover Road, Huntingdon, Cambridgeshire, Seite 23.
© SUNNIVA HARTES (The Garden Picture Library), Seite 89.
ALBERT JACKSON, Seite 103.
SIMON JENNINGS, Seite 12, 18, 33, 34, 64, 68, 70, 82, 96 oben, 97, 102.
© PLYSU BRANDMARKT LTD., Wolseley Road, Kempston, Bedfordshire, Seite 22.
© STAPELEY WATER GARDENS LTD., London Road, Stapeley, Nantwich, Cheshire, Seite 17.
© RON SUTHERLAND(The Garden Picture Library), Seite 31 links, 32.
© STEVEN WOOSTER(The Garden Picture Library), Seite 74.
© Inklink (Ben Jennings Photography), Umschlag & Seite 2, 4-9, 12, 28, 29, 38, 40, 42, 44, 49, 76, 77, 128.